トレーニングノートα

古典文法

はじめに

高等学校で学ぶ古文を正しく解釈し、鑑賞するための必要な知識に古典文法と古語がある。本書は、この二つのうち、古典文法の基礎知識を学習することを目的として編集したものである。

本書の構成は、見開き二ページを単位としている。右ページは古典文法の必要な知識を簡潔にまとめてある。左ページには、その知識を確認・定着するための短文による基本的な問題を入れてある。

古典文法のうち、特に古文解釈のための知識として重要なのは、動詞・助動詞・助詞・敬語である。本書ではこれらに多くのページを割いて[illegible]返し学習して必要な知識を確実に身につけてほしい。

本書を活用することによって、古[illegible]定着し、ひいては、古文解釈の学力向上につながることを確信している。

本書の特色とねらい

〈右ページ〉

① 上下の二段構成になっている。[illegible]基礎知識を理解しやすく覚えやすいように、箇条書き・まとめの表・図解などを使い、解[illegible]してある。

② 下段は、上段の解説の理解に役立つ例文（すべて口語訳つき）や参考記事を入れてある。さらに、覚えておくと古文解釈に必ず役立つ知識を ノート として囲み記事で入れてあるので、ノート は必ず覚えるようにする。

〈左ページ〉

③ 右ページの知識を確認できる基本的な問題を短文で入れ、解答はすべて書き込み式になっている。

④ 問題文の古文にはすべて口語訳をつけ、学習しやすいように配慮してある。

⑤ 設問ごとに配点を示してある。基本的な問題ばかりだから、八割以上を目標にしてほしい。できなかった問題は繰り返しやりなおすことが大切である。

目次

トレーニングノートα 古典文法

第4章　活用のある付属語

第5章　活用のない付属語

第6章　敬語

1 歴史的かなづかい

（　月　日）

時間 20分

得点　　点

現代文と古文のかなづかいの違い

現代かなづかい
現代文に使われているかなづかい。現代の話し言葉の発音が基本。

歴史的かなづかい
古文に使われているかなづかい。平安時代中期の発音が基本。

〈歴史的かなづかいの読み方〉

(1) 語中や語尾のハ行音のかな

- は→ワ　かは(川)→かワ
- ひ→イ　つか(使)ひ→使イ
- ふ→ウ　い(言)ふ→言ウ
- へ→エ　うへ(上)→うエ
- ほ→オ　かほ(顔)→かオ

(2) ワ行の「ゐ・ゑ・を」

- ゐ→イ　ゐ(居)る→イる
- ゑ→エ　こゑ(声)→こエ
- を→オ　をとこ(男)→オとこ

(3) 母音が連続する語

- au《アウ》→ô《オー》　かうい《ka u i》(更衣)→コーイ《kô i》
- iu《イウ》→yû《ユー》　しうく《si u ku》(秀句)→シューク《syû ku》
- eu《エウ》→yô《ヨー》　てうし《te u si》(調子)→チョーシ《tyô si》
- ou《オウ》→ô《オー》　おうな《o u na》(嫗)→オーナ《ô na》

(4) 「くわ・ぐわ」

- くわ→カ　くわんぱく→カんぱく
- ぐわ→ガ　ぐわいじん→ガいじん

参考　五十音図といろは歌

●五十音図

段＼行	ア行	カ行	サ行	タ行	ナ行	ハ行	マ行	ヤ行	ラ行	ワ行
ア段	あ	か	さ	た	な	は	ま	や	ら	わ
イ段	い	き	し	ち	に	ひ	み	い	り	ゐ
ウ段	う	く	す	つ	ぬ	ふ	む	ゆ	る	う
エ段	え	け	せ	て	ね	へ	め	え	れ	ゑ
オ段	お	こ	そ	と	の	ほ	も	よ	ろ	を

＊太字で示してあるア行・ハ行・ヤ行・ワ行には特に注意しよう。
＊ワ行の「ゐ」とラ行の「る」の書き方の違いに注意しよう。
＊ワ行の「ゑ」の下の点が四点にならないように注意しよう。

●いろは歌

いろは《ワ》にほ《オ》へ《エ》と
ちりぬるを
わかよたれそ
つねならむ《ン》
うゐ《イ》のおくやま
けふ《キョウ》こえて
あさきゆめみし
ゑ《エ》ひ《イ》もせす

色《いろ》は匂《にほ》へど
散《ち》りぬるを
我《わ》が世《よ》誰《たれ》ぞ
常《つね》ならむ
有為《うゐ》の奥山《おくやま》
今日《けふ》越《こ》えて
浅《あさ》き夢《ゆめ》見《み》じ
酔《ゑ》ひもせず

＊いろは歌は、同じ文字を二度使わないで、四十七音の清音を詠みこんだものである。上記の下段は、意味を分かりやすくするために、漢字をあて濁音を加えたものである。口語訳は、次ページ下段にある。

問一　かなづかいについて説明している次の文の□に漢字を一字ずつ入れなさい。（各4点）

現代文に使われているかなづかいを A □□ かなづかいといい、古文に使われ B □□ 時代中期の発音が基本になっているかなづかいを C □□□ かなづかいという。

問二　五十音図のうち、ア行・ハ行・ヤ行・ワ行を歴史的かなづかいで書きなさい。（各2点）

ア行 □□□□□　ハ行 □□□□□

ヤ行 □□□□□　ワ行 □□□□□

問三　歴史的かなづかいで書かれている次の各語の——線部の読み方をカタカナで答えなさい。（各2点）

① つかひ（使ひ）

② いふ（言ふ）

③ かほ（顔）

④ ゐる（居る）

⑤ こゑ（声）

⑥ をとこ（男）

⑦ かうい（更衣）

⑧ てうし（調子）

⑨ おうな（嫗）

⑩ くわんぱく（関白）

①□　②□　③□　④□　⑤□　⑥□　⑦□　⑧□　⑨□　⑩□

問四　次のいろは歌の□の中に、右側の読み方を参考に歴史的かなづかいをひらがなで入れなさい。（各2点）

いろ A □《ワ》に B □《オ》□《エ》と　ちりぬるを

わかよたれそ　つねならむ《ン》

う C □《イ》のおくやま　D □《キョ》□《ウ》こえて

あさきゆめみし　E □《エ》□《イ》もせす

訳　（桜の花の）色は美しく照り輝くけれども、（いずれは）散ってしまう。（それと同様に）われわれの世の中もだれが変わらないことがあろうか、いや、移り変わるものである。移り変わりが激しい無常の世にたとえられる奥山を、今日越えて（行くような人生で）、浅はかな夢を見るようなことはしまい、（また、世の中のことに心をうばわれて）正気を失うようなこともしない。

2 文と文節／文節の種類

（　月　日）

時間	得点
20分	点

◆文と文節

文　ある考え方や感情を表したひと続きのことば。終わりにはふつう句点（。）がついている。

文節　文をことばとして意味のわかる範囲で、もっとも小さく区切ったもの。

◆文節の種類

文を構成している文節は、役割によって次の五種類に分かれる。

(1) **主語の文節** → 「何が」「何は」にあたる文節。

(2) **述語の文節** → 「どうする」「どんなだ」「何だ」にあたる文節。

(3) **修飾語の文節** → 下の文節にかかって、意味内容をくわしく説明する文節。

(4) **接続語の文節** → 文や語を接続したり、原因や条件を示したりする文節。

(5) **独立語の文節** → 他の文節との関係が弱く、独立して用いられる文節。

◆文と文節　例文

▼よろづのことに使ひけり。……………文
（いろいろなことに使った。）

▼よろづの／ことに／使ひけり。／……………文節

ノート　文節の区切り方

文節に区切るときは、ことばの最後に自然に入る「ネ」を入れるとよい。「ネ」以外にも「サ」「ヨ」「ナア」を入れることもできる。

例　よろづのネ　ことにネ　使ひけりネ

◆文節の種類　例文

▼われ（主語）　思ふ。（述語）　＊「何が―どうする」のパターン

▼花（主語）　うつくし。（述語）　＊「何が―どんなだ」のパターン

▼人（主語）　ふたりなり。（述語）　＊「何が―何だ」のパターン

▼よろづの（修飾語）　ことに（被修飾語）　使ひけり。
＊かかる文節のことを被修飾語という。

▼いと興《きやう》あることなり。　さらば（接続語（接続））　行け。
（たいへんおもしろいことだ。それならば行け。）

▼若ければ（接続語（原因））　知らじ。　＊原因を示す接続語。
（若いので知らないだろう。）

▼あな、（独立語）　めでたや。
（ああ、すばらしい。）

問一　次の文章はいくつの文からできているか答えなさい。（5点）

今は昔、竹取の翁《おきな》といふ者ありけり。野山にまじりて竹を取りつつ、よろづのことに使ひけり。名をば、さぬきの造《みやつこ》となむ言ひける。その竹の中に、もと光る竹なむ一筋《ひとすぢ》ありける。あやしがりて寄りて見るに、筒《つつ》の中、光りたり。

	文

訳　今となっては昔の話であるが、竹取の翁という者がいた。野や山に分け入って竹を取り竹を取りしては、いろいろの（ものを作る）ことに使った。名前は、さぬきの造と言った。その竹の中に、根元が光る竹が一本あった。（翁が）不思議に思って近寄って見ると、（竹の）筒の中が光っていた。

問二　次の各文を例にならって文節に区切りなさい。（完答各5点）

例　よろづ　の／こと　に／使ひ　けり。／

①　いと　幼けれ　ば　籠《こ》　に　入れ　て　養ふ。

訳　たいへん小さいのでかごに入れて育てる。

②　友　と　する　に　あしき　者　七つ　あり。

訳　友人とするのに悪い者（の条件）が七つある。

③　ゆく　河　の　流れ　は　絶え　ず　して、しかも　もと　の　水　に　あらず。

訳　流れゆく河の流れは絶えることがなくて、しかも、（今流れている水は）もとの水ではない。

④　命　ある　もの　を　見る　に、人　ばかり　久しき　は　なし。

訳　生命のあるものを見ると、人ほど長生きするものはほかにない。

問三　次の各文の――線部の文節の種類として適当なものを後から選び、記号で答えなさい。（各5点）

①　かくて[a]翁《おきな》やうやう豊かになりゆく[b]。

訳　このようにして、（竹取の）翁はだんだんと金持ちになっていく。

②　翁、[c]竹を取ること久しく[d]なりぬ。

訳　（竹取の）翁は、竹を取ることが長く続いた。

③　あはれ、[e]いと寒しや。

訳　ああ、たいへん寒いなあ。

ア　主語　イ　述語　ウ　修飾語

エ　接続語　オ　独立語

a	
b	
c	
d	
e	

3 単語／単語の分類

（　月　日）

時間	得点
20分	点

◆単語

単語　意味をもつことばの単位として、文節をさらに区切った最小のもの。

〈文〉
〈文節〉よろづ〈単語〉　の〈単語〉
〈文節〉こと〈単語〉　に〈単語〉
〈文節〉使ひ〈単語〉　けり〈単語〉

◆単語の分類

(1) 自立語と付属語

自立語 → 単独で文節になることができる単語。必ず文節の最初にくる単語。　例よろづ・こと・使ひ

付属語 → 単独では文節になることができない単語。必ず自立語の下につく単語。　例の・に・けり

(2) 活用語と活用形

活用語 → あとの単語に続いたり、言い切りになったりして語形が変化することを活用といい、活用する単語を活用語という。　例使ひ

活用形 → 活用語はいくつかの語形に変化し、その変化したものを活用形といい、六種類に分けられる。（下段参照）

●文節の構成（‖は自立語、｜は付属語）

(1) 文節が自立語一語だけで構成

▼あな、／わびし。（／は文節の切れ目）
（ああ、情けないなあ。）

(2) 文節が一つずつの自立語と付属語で構成

▼よろづ　の／こと　に／使ひ　けり。

(3) 文節が一つの自立語と二つ以上の付属語で構成

▼（雪の）／降り　たる　は／言ふ　べき　に　も／（あらず）。
（雪が降っている〈ときのすばらしさ〉は、言うまでもないことである。）

●六種類の活用形

〈文語〉

未然形	使は	ズ
連用形	使ひ	ケリ
終止形	使ふ。	
連体形	使ふ	トキ
已然形《いぜん》	使へ	ドモ
命令形	使へ！	

〈口語〉

未然形	使わ / 使お	ナイ / ウ
連用形	使い	マス
終止形	使う。	
連体形	使う	トキ
仮定形	使え	バ
命令形	使え！	

●語幹と語尾

語幹…活用しても変化しない部分。
語尾…活用すると変化する部分。　例 使〔語幹〕ふ〔語尾〕

問一　次の各文を例にならって単語に区切りなさい。（①〜④完答各4点・⑤完答10点）

例 よろづ｜の｜こと｜に｜使ひ｜けり。｜

① 雨など降るもをかし。

訳 雨などが降るのも風流だ。

② 今は昔、竹取の翁といふ者ありけり。

訳 今となっては昔の話であるが、竹取の翁という者がいた。

③ はや舟に乗れ、日も暮れぬ。

訳 早く舟に乗りなさい、日も暮れてしまう。

④ 人の亡《な》きあとばかり悲しきはなし。

訳 人が亡くなったあとほど悲しいことはない。

⑤ 仁和寺《にんなじ》にある法師、年よるまで石清《いはし》水《みづ》を拝《おが》まざりければ、心うく覚えて、ある時思ひ立ちて、ただ一人徒歩《かち》よりまうでけり。

訳 仁和寺に住んだある坊さんは、年をとるまで石清水八幡《いわしみずはちまん》を拝んだことがなかったので、残念に思って、ある時思い立って、ただ一人徒歩でお参りしたそうだ。

問二　次の各文を例にならって自立語と付属語に分けなさい。自立語には═線、付属語には─線を右側につけなさい。（①・②の口語訳は8ページ下段参照。完答各4点）

例 よろづ の こと に 使ひ けり。

① あな、わびし。

② 雪 の 降り たる は 言ふ べき に も あら ず。

③ ある 人、弓 射る 事 を 習ふ に、諸矢《もろや》をたばさみて的《まと》に向かふ。

訳 ある人が、弓を射ることを習うときに、二本の矢を手にはさみ持って的に向かう。

問三　次の各文の□に「思ふ」を活用させて入れなさい。（各2点）

① われ□ず。　② われ□けり。

③ われ□。（言い切り）　④ われ□とき、

⑤ われ□ども、　⑥ われ□。（命令）

4 品詞分類

（　月　日）

時間	得点
20分	点

◆品詞分類

すべての単語を{①**自立語か付属語か** ②**活用があるかないか** ③**文節の種類**(↓p.6)}で分類したものを **品詞** という。

《品詞分類表》

- 単語
  - 付属語
    - 活用がある ── **助動詞**
    - 活用がない ── **助詞**
  - 自立語
    - 活用がある─述語になる(用言《ようげん》)
      - 言い切りがウ段で終わる(「あり」「をり」「侍《はべ》り」「いまそかり」は例外) ── **動詞**
      - 言い切りが「し」で終わる ── **形容詞**
      - 言い切りが「なり」「たり」で終わる ── **形容動詞**
    - 活用がない
      - 主語になる(体言《たいげん》) ── **名詞**
      - 主語にならない
        - 修飾語になる
          - 体言だけを修飾する ── **連体詞**
          - 主に用言を修飾する ── **副詞**
        - 修飾語にならない
          - 接続語になる ── **接続詞**
          - 独立語になる ── **感動詞**

●品詞分類はここに注意しよう

(1) **活用がある品詞**
動詞・形容詞・形容動詞・助動詞の四品詞

(2) **述語になる品詞**
動詞・形容詞・形容動詞の三品詞(用言という)

(3) **主語になる品詞**
名詞だけ(体言という)

(4) **修飾語になる品詞**
形容詞・形容動詞・連体詞・副詞の四品詞

(5) **活用がない付属語**
助詞だけ

●**接頭語と接尾語**　＊単独では単語にならない。

接頭語　自立語の上につく。自立語の品詞は変わらない。

例　うち取る　うち消す　(動詞)
み心　おん身　第一　(名詞)

接尾語　自立語の下につく。自立語の品詞が変わることもある。

例　うれしさ　重み　(形容詞「―し」の名詞化)
時めく　春めく　(名詞の動詞化)
男ども　大納言殿　(名詞で品詞は同じ)

問一　次の説明にあたる品詞として適当なものを後からすべて選び、記号で答えなさい。（完答各4点）

①　活用がある。

②　活用がない。

③　自立語である。

④　付属語である。

⑤　用言である。

⑥　体言である。

⑦　修飾語になる。

ア　動詞　イ　形容詞　ウ　形容動詞　エ　名詞
オ　連体詞　カ　副詞　キ　接続詞　ク　感動詞
ケ　助動詞　コ　助詞

①	②	③	④	⑤	⑥	⑦

問二　次の単語の品詞として適当なものを後から選び、記号で答えなさい。（各2点）

①　つひに　②　されど　③　いざ　④　言ふ
⑤　あはれなり　⑥　いはゆる　⑦　いやし

ア　動詞　イ　形容詞　ウ　形容動詞　エ　副詞
オ　連体詞　カ　接続詞　キ　感動詞

①	②	③	④	⑤	⑥	⑦

問三　次の文中の——線部の品詞を答えなさい。（各3点）

木の[a]花は、こきもうすきも紅梅。桜[b]は、花びらおほきに、葉の色こきが、枝ほそくて咲き[c]たる。藤の花は、しなひながく、色こく咲きたる[d]、いと[e]めでたし[f]。

訳　木の花は、色の濃いのでも淡いのでも、紅梅がよい。桜の、花びらが大きくて、葉の色のよいのが、枝は細くて咲いているのがよい。藤の花は、花房が長く、色が濃く咲いているのが、たいへんすばらしい。

a	d
b	e
c	f

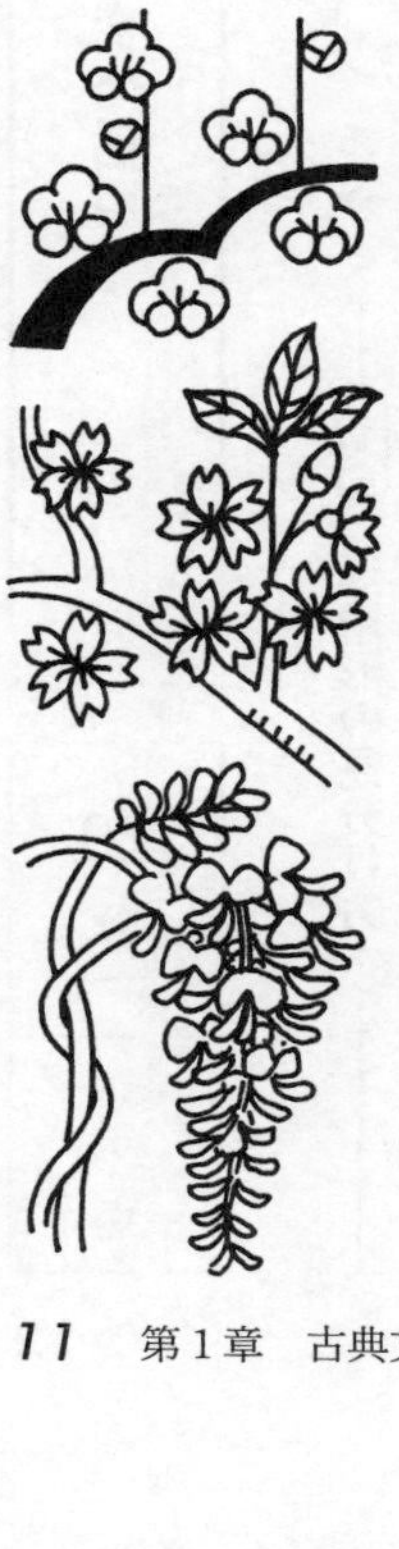

5 動詞(1) 活用の種類①（四段活用／ナ行変格活用）

（　月　日）

時間
20分
得点
点

動詞

○自立語で活用がある。
○事物の動作・作用・存在を表す。例 呼ぶ・与ふ・あり
○言い切りが五十音図のウ段の音《おん》で終わる。ただし、「り」で終わる例外もある（「あり」「をり」「侍《はべ》り」「いまそかり」など）。

◆**活用の種類**　活用のしかたによって、次の九種類（12〜16ページ）に分類される。

①　**四段活用**　語尾がア・イ・ウ・エ段の四段にわたって活用する。

基本形	語幹	未然形	連用形	終止形	連体形	已然形	命令形
喜ぶ	喜	ば	び	ぶ	ぶ	べ	べ
下に続く主な語		ず	て	言い切る	もの	ども	命令の意
活用する段		ア段	イ段	ウ段	ウ段	エ段	エ段

四段の見分け方は14ページのノートで覚えよう!!

②　**ナ行変格活用**　四段活用と似ているが、連体形と已然形の活用が違う。

基本形	語幹	未然形	連用形	終止形	連体形	已然形	命令形
往《い》ぬ	往	な	に	ぬ	ぬる	ぬれ	ね
下に続く主な語		ず	て	言い切る	もの	ども	命令の意
活用する段		ア段	イ段	ウ段	ウ段	ウ段	エ段

ナ変は「往《い》ぬ」「死ぬ」の二語だけ

ノート　活用形の見分け方

活用形は下に続く語で見分けられる!!

未然形　「**ず**」「**む**《ん》」「**す・さす・しむ**」などに続く
例 呼ば《未然形》＋ず　踏ま《未然形》＋む

連用形　「**て**」「**けり**」「**たり**」や**用言**に続く
例 呼び《連用形》＋て　言ひ《連用形》＋けり
踏み《連用形》＋荒す（「荒す」は動詞＝用言）

終止形　**言い切る**形
例 呼ぶ《終止形》。　踏む《終止形》。　言ふ《終止形》。

連体形　「**もの**」「**こと**」「**とき**」や**体言**に続く
例 呼ぶ《連体形》＋もの　踏む《連体形》＋とき
買ふ《連体形》＋人（「人」は名詞＝体言）

已然形《いぜん》　「**ども**」「**ど**」などに続く
例 呼べ《已然形》＋ども　言へ《已然形》＋ど

命令形　**命令する**形
例 呼べ《命令形》。　言へ《命令形》。　踏め《命令形》。

問一　次の動詞に「ず」をつけて形を変えなさい。（各1点）

① 聞く［　　］ず　② 習ふ［　　］ず

③ 流す［　　］ず　④ 往《い》ぬ［　　］ず

問二　次の動詞「言ふ」と「死ぬ」を（　）内の活用形に直しなさい。（各1点）

① 言［　　］ず。（未然形）　② 言［　　］たり。（連用形）

③ 言［　　］。（終止形）　④ 言［　　］とき、（連体形）

⑤ 言［　　］ども、（已然形）　⑥ 言［　　］。（命令形）

⑦ 死［　　］ず。（未然形）　⑧ 死［　　］たり。（連用形）

⑨ 死［　　］。（終止形）　⑩ 死［　　］とき、（連体形）

⑪ 死［　　］ども、（已然形）　⑫ 死［　　］。（命令形）

問三　次の動詞の活用表を完成させなさい。（完答各3点）

基本形	語幹	未然形	連用形	終止形	連体形	已然形	命令形
喜ぶ							
思ふ							
往《い》ぬ							

問四　次の文中から四段活用とナ行変格活用の動詞をそのままの形ですべて抜き出し、活用形も答えなさい。（完答各3点）

「牛を売る者あり。買ふ人、明日その値《あたひ》をやりて牛を取らんといふ。夜の間に牛死ぬ。買はんとする人に利あり。売らんとする人に損あり。」と語る人あり。

訳「牛を売る人がいた。（牛を）買う人が、明日牛の代金を渡して牛を買おうと言う。夜の間にその牛が死んだ。（牛を）買おうとする人に利益があった。（牛を）売ろうとする人に損失があった。」と話す人がいた。

形	形	形	形
形	形	形	形
形	形	形	形

6 動詞(2) 活用の種類②（ラ行変格活用／下一段活用／下二段活用）

〔　月　日〕

時間	得点
20分	点

③ ラ行変格活用

四段活用と似ているが、終止形がウ段ではなく「り」となるため、変格活用として扱う。

基本形	語幹	未然形	連用形	終止形	連体形	已然形	命令形
有り	有	ら	り	り	る	れ	れ
下に続く主な語		ず	て	言い切る	もの	ども	命令の意
活用する段		ア段	イ段	イ段	ウ段	エ段	エ段

ラ変は「有り」「居《を》り」「侍《はべ》り」「いまそかり」の四語だけ

④ 下一段活用

エ段の一段だけで活用する。「蹴《け》る」一語だけで、語幹と語尾との区別がない。

基本形	語幹	未然形	連用形	終止形	連体形	已然形	命令形
蹴る	(蹴)	け	け	ける	ける	けれ	けよ
下に続く主な語		ず	て	言い切る	もの	ども	命令の意
活用する段		エ段	エ段	エ段	エ段	エ段	エ段

下一段は「蹴《け》る」だけ

⑤ 下二段活用

ウ段とエ段の二段にまたがって活用する。

基本形	語幹	未然形	連用形	終止形	連体形	已然形	命令形
受く	受	け	け	く	くる	くれ	けよ
下に続く主な語		ず	て	言い切る	もの	ども	命令の意
活用する段		エ段	エ段	ウ段	ウ段	ウ段	エ段

下二段の見分け方は下段のノートを覚えよう!!

参考 動詞の正格活用と変格活用

正格活用…規則的な活用をしている動詞

四段・上一段・上二段・下一段・下二段

変格活用…変則的な活用をしている動詞

カ変・サ変・ナ変・ラ変

九種類の動詞のうち、四段・上二段・下二段以外は語数も限られているので、すべて覚えよう。

ノート 四段・上二段・下二段の見分け方

四段・上二段・下二段の動詞は語数が多いので、動詞に「ず」をつけて見分けるとよい。

動詞＋ず
- **ア段につく→四段** 例喜ばず・
- **イ段につく→上二段** 例起きず・
- **エ段につく→下二段** 例受けず

参考 正格活用の名称について

終止形のウ段を中心に、何段で活用しているかによって名称がつけられている。

四段	**ア段**	**イ段**	**ウ段**	**エ段**	オ段	（四つの段で活用）
上一段	ア段	**イ段**	ウ段	エ段	オ段	（ウ段より一段上で活用）
上二段	ア段	**イ段**	**ウ段**	エ段	オ段	（ウ段とイ段の二段で活用）
下一段	ア段	イ段	ウ段	**エ段**	オ段	（ウ段より一段下で活用）
下二段	ア段	イ段	**ウ段**	**エ段**	オ段	（ウ段と工段の二段で活用）

問一　次の各動詞の活用の種類として適当なものを後から選び、記号で答えなさい。(各2点)

① 捨つ　② 食ふ　③ 往ぬ　④ 蹴る　⑤ 居《を》り

⑥ 死ぬ　⑦ 受く　⑧ 読む　⑨ 有り　⑩ 出づ

ア　四段活用　イ　下二段活用　ウ　下一段活用

エ　ナ行変格活用　オ　ラ行変格活用

①	②	③	④	⑤
⑥	⑦	⑧	⑨	⑩

問二　次の文中からラ行変格活用の動詞を抜き出し、活用表を完成させなさい。(完答10点)

なほ行き行きて、武蔵《むさし》の国と下《しも》つ総《ふさ》の国との中に、いと大きなる河あり。

訳　なお行きに行って、武蔵の国と下総《しもふさ》の国との間に、とても大きな河がある。

基本形	語幹	未然形	連用形	終止形	連体形	已然形	命令形

問三　次の文中から下一段活用の動詞を抜き出し、活用表を完成させなさい。(完答10点)

ここにゐたりつる盗人の、わが衣を剥《は》がんとしつれば、剥がれては寒かりぬべく覚えて、尻《しり》をほうと蹴《け》たれば、失《う》せぬるなり。

訳　ここにいた盗人が、私の服をはがそうとしたので、はがれては寒かろうと思って、尻をぱっと蹴ったので、(盗人は)いなくなってしまった。

基本形	語幹	未然形	連用形	終止形	連体形	已然形	命令形

問四　次の文中から下二段活用の動詞を抜き出し、活用表を完成させなさい。(完答10点)

はからざるに病を受けて、たちまちにこの世を去らむとする時にこそ、はじめて過ぎぬるかたのあやまれることは知らるなれ。

訳　思いがけなく病気にかかって、急にこの世を去ろうとするときに、はじめて過去の誤っていたことが思い知られるというものだ。

基本形	語幹	未然形	連用形	終止形	連体形	已然形	命令形

7

動詞(3) 活用の種類③

（上一段活用／上二段活用／カ行変格活用／サ行変格活用）

（　月　日）

時間	得点
20分	点

⑥ 上一段活用

イ段の一段だけで活用する。語数は下段に示した十数語しかない。複合語以外は語幹と語尾との区別がない。

基本形	語幹	未然形	連用形	終止形	連体形	已然形	命令形
見る	(見)	み	み	みる	みる	みれ	みよ
下に続く主な語		ず	て	言い切る	もの	ども	命令の意
活用する段		イ段	イ段	イ段	イ段	イ段	イ段

⑦ 上二段活用

イ段とウ段の二段にまたがって活用する。

基本形	語幹	未然形	連用形	終止形	連体形	已然形	命令形
起く	起	き	き	く	くる	くれ	きよ
下に続く主な語		ず	て	言い切る	もの	ども	命令の意
活用する段		イ段	イ段	ウ段	ウ段	ウ段	イ段

上二段の見分け方は14ページのノートで覚えよう!!

⑧ カ行変格活用

イ段・ウ段・オ段の三段にまたがって変則的な活用をする。「来《く》」一語だけで、語幹と語尾との区別がない。

基本形	語幹	未然形	連用形	終止形	連体形	已然形	命令形
来	(来)	こ	き	く	くる	くれ	こ こよ
下に続く主な語		ず	て	言い切る	もの	ども	命令の意
活用する段		オ段	イ段	ウ段	ウ段	ウ段	オ段

カ変は「来《く》」だけ

⑨ サ行変格活用

サ行下二段活用と似ているが、連用形が違うため変格活用として扱う。「為《す》」一語だけで、語幹と語尾との区別がない。

基本形	語幹	未然形	連用形	終止形	連体形	已然形	命令形
為	(為)	せ	し	す	する	すれ	せよ
下に続く主な語		ず	て	言い切る	もの	ども	命令の意
活用する段		エ段	イ段	ウ段	ウ段	ウ段	エ段

サ変は「為《す》」だけ

●上一段活用の主な動詞

カ行　着る
ナ行　似る・煮る
ハ行　干《ひ》る
マ行　見る　試みる　顧《かへり》みる　後《うしろ》みる
ヤ行　射る　鋳《い》る
ワ行　居《ゐ》る　率《ゐ》る　率《ひき》ゐる　用ゐる
（——線は複合語を示す）

ノート　上一段活用動詞の覚え方

ひ　い　き　に　み　ゐ　＋る

干《ひ》る　射る　着る　似る　見る　居《ゐ》る
鋳《い》る　煮る　率《ゐ》る

＊「ひいきにみゐ(る)」と語頭の音《おん》で覚えておこう。残りは「——みる」「——ゐる」の複合語。

●サ変動詞の複合語

サ変動詞は本来「為《す》」一語であるが、いろいろな語と複合して、多くのサ変動詞ができる。

(1) 和語の名詞＋す　例　うはさす　心地《ここち》す
(2) 漢語＋す　例　愛す　具《ぐ》す　案内《あない》す
(3) 用言の連用形＋す　例　送りす　新たにす

問一　次の各動詞の活用の種類として適当なものを後から選び、記号で答えなさい。（各1点）

① 過ぐ　② 着る　③ 愛す　④ 来《く》　⑤ 老ゆ
⑥ 率《ゐ》る　⑦ 射る　⑧ 落つ　⑨ 為《す》　⑩ 試《こころ》みる

ア　上一段活用　イ　上二段活用
ウ　カ行変格活用　エ　サ行変格活用

①	②	③	④	⑤
⑥	⑦	⑧	⑨	⑩

問二　次の文中から上一段活用の動詞を抜き出し、活用表を完成させなさい。（完答10点）

浦島太郎は、故郷《ふるさと》へ帰り、見てあれば、人跡絶えはてて、虎ふす野辺《のべ》となりにけり。

訳　浦島太郎は、故郷に帰って、見てみると、人の行き来はすっかり絶えて、虎がすむような荒れはてた野原となってしまっていた。

基本形	語幹	未然形	連用形	終止形	連体形	已然形	命令形

問三　次の文中から上二段活用の動詞を抜き出し、活用表を完成させなさい。（完答10点）

とりつきながら、いたう睡《ねむ》りて、落ちぬべきときに目をさます。

訳　（木の枝に）つかまったままで、ひどくねむって、今にも落ちそうなときに目をさます。

基本形	語幹	未然形	連用形	終止形	連体形	已然形	命令形

問四　次の文中からカ行変格活用の動詞を抜き出し、活用表を完成させなさい。（完答10点）

しのびて来る人見知りてほゆる犬。

訳　人目をしのんでやってくる人を見知ってほえる犬。

基本形	語幹	未然形	連用形	終止形	連体形	已然形	命令形

問五　次の文中からサ行変格活用の動詞を抜き出し、活用表を完成させなさい。（完答10点）

岩の上に旅寝をすればいと寒し。

訳　岩の上で旅寝をするのでたいへん寒い。

基本形	語幹	未然形	連用形	終止形	連体形	已然形	命令形

8 動詞(4) 自動詞と他動詞／動詞の音便

（　月　日）

時間	得点
20分	点

◆自動詞と他動詞

自動詞 → その動詞だけで動作・作用を表すもの。「～を」という目的語を必要としない。

例 花(が)〔主語〕 散る。〔自動詞〕

他動詞 → その動詞の表す動作・作用が、他に対してはたらきかけるもの。「～を」という目的語を取ることが多い。

例 花を〔目的語〕 散らす。〔他動詞〕

◆動詞の音便《おんびん》

音便の種類	活用の種類と活用形	もとの形 → 音便の形
イ音便	カ行四段・連用形	・咲きて → 咲いて
	ガ行四段・連用形	・仰《あふ》ぎて → 仰いで
	サ行四段・連用形	・思《おぼ》して → 思いて
ウ音便	ハ行四段・連用形	・問ひて → 問うて
	バ行四段・連用形	・給《た》びて → 給《た》うで
	マ行四段・連用形	・読みて → 読うで
撥《はつ》音便（はねる音＝ン音）	バ行四段・連用形	・呼びて → 呼んで
	マ行四段・連用形	・住みて → 住んで
	ナ行変格・連用形	・死にて → 死んで
	ラ行変格・連体形	・あるなり → あんなり
促《そく》音便（つまる音＝ツ音）	タ行四段・連用形	・待ちて → 待って
	ハ行四段・連用形	・習ひて → 習って
	ラ行四段・連用形	・乗りて → 乗って
	ラ行変格・連用形	・有りて → 有って

＊音便の形につく「て」「たり」が、「で」「だり」になることがある。

＊ラ変「あり」の連体形が「なり」「めり」につくと、

・あるなり → あんなり → あなり

・あるめり → あんめり → あめり

のように「ん」が表記されないこともある。

＊促音便の「つ」は、現代かなづかいでは「っ」と小さく書くが、歴史的かなづかいでは「つ」と大きく書くこともある。

ノート 自動詞と他動詞の見分け方

自動詞 ＝ 主語が……する〔自動詞〕

他動詞 ＝ 目的語を……する〔他動詞〕

●自動詞と他動詞が同じ形で、活用の種類が違うもの

たとえば「沈む」は、「舟が沈む〔A〕」「舟を沈む〔B〕」と両方の言い方ができる。Aは自動詞、Bは他動詞である。このように同じ形で活用の種類の違いを見分けるためには、

舟が 沈ま〔A′〕 ず
舟を 沈め〔B′〕 ず

と「ず」をつけ、未然形の違いで、A′は四段活用、B′は下二段活用と判断できる。ただし、「吹く」「増す」のように、自動詞も他動詞も活用の種類が同じものもある。

●「音便」とは

発音の便宜上、語中・語尾の音《おん》に変化が起こり、その表記まで変わることを音便という。

音便の起こる動詞は、四段・ナ変・ラ変だけである。

問一　次の——線部に対応する自動詞または他動詞を書き、それぞれの動詞の活用の種類を答えなさい。（各3点）

① 花 A［　　］ B〔　　〕活用
花を散らす C〔　　〕活用

② 音聞こゆ D〔　　〕活用
音を E［　　］ F〔　　〕活用

③ 船 G［　　］ H〔　　〕活用
船を出《い》だす I〔　　〕活用

④ 人見ゆ J〔　　〕活用
人を K［　　］ L〔　　〕活用

問二　次の各文の——線部の動詞の音便として適当なものを後から選び、記号で答えなさい。（各3点）

① 康頼《やすより》入道と二人、読うaでは泣き、泣いては読む。

訳 康頼入道と二人で、読んでは泣き、泣いては（また）読む。

② これら兄弟三百余騎で、陣のおもてに進んだbり。

訳 この兄弟（が率いる）三百余騎で、陣の先頭に進んだ。

③ 心の中に祈念して目を見開いcたれば、風も少し吹き弱り、扇も射よげにぞなっdたりける。

訳 心の中で祈って目をあけると、風も少し弱まり、扇も射やすいようになった。

ア イ音便　イ ウ音便　ウ 撥音便　エ 促音便

a	
b	
c	
d	

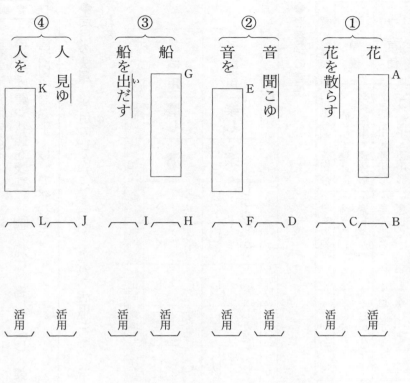

9 形容詞 活用の種類／形容詞の音便

［　月　日］

時間 20分
得点 　点

形容詞

○自立語で活用がある。
○事物の性質や状態を表す。
○言い切りが「――し」で終わる。 例 清し・高し・楽し・美し

◆**活用の種類**　活用のしかたによって、次のク活用とシク活用の二種類に分類される。

活用の種類	基本形	語幹	未然形	連用形	終止形	連体形	已然形	命令形
ク活用	清し	清	く	く	し	き	けれ	○
			から	かり	○	かる	○	かれ
シク活用	楽し	楽	しく	しく	し	しき	しけれ	○
			しから	しかり	○	しかる	○	しかれ
下に続く主な語			ず	て・き	言い切る	もの・べし	ども	命令の意

「かり」を中心としているのでカリ活用あるいは補助活用という

◆**形容詞の音便**

音便の種類	活用の種類と活用形	もとの形 → 音便の形
イ音便	ク活用・連体形	・清き流れ → 清い流れ
	シク活用・連体形	・楽しきかな → 楽しいかな
ウ音便	ク活用・連用形	・早く走る → 早う走る
	シク活用・連用形	・恋しくて → 恋しうて
撥音便	カリ活用・連体形	・よかるなり → よかんなり
		・美しかるめり → 美しかんめり

＊形容詞のカリ活用の連体形が「なり」「めり」につくと、
・清かるなり
← 清かんなり
← 清かなり
のように「ん」が表記されないこともある。

ノート　ク活用・シク活用の見分け方

形容詞に「なる」をつけて
○清し ＋ なる ＝ 清クなる → ク活用
○楽し ＋ なる ＝ 楽シクなる → シク活用

●**「いみじ」の活用の種類**

形容詞「いみじ」は、次のように活用する。

基本形	未然形	連用形	終止形	連体形	已然形	命令形
いみじ	じく	じく	じ	じき	じけれ	○
	じから	じかり	○	じかる	○	じかれ

右のようにジクと活用するが、ジク活用とはいわないで、シク活用に含める。「すさまじ」なども同じようにシク活用である。

問一　次の二つの形容詞の活用表を完成させなさい。（完答各8点）

基本形	語幹	未然形	連用形	終止形	連体形	已然形	命令形
清し							○
				○		○	
楽し							○
				○		○	

問二　次の形容詞のうち、ク活用はA、シク活用はBと答えなさい。（各2点）

①　あさまし　②　いみじ　③　ありがたし
④　かしこし　⑤　かなし　⑥　はしたなし
⑦　めでたし　⑧　やさし　⑨　をこがまし

①	②	③	④	⑤

⑥	⑦	⑧	⑨

問三　次の各文から形容詞をすべて抜き出し、終止形で答えなさい。（同じ語は一度でよい。）（完答各5点）

①　この子を見れば、苦しきこともやみぬ。腹立たしきことも慰《なぐさ》みけり。翁、竹を取ること久しくなりぬ。

訳　（翁は）この子を見ると、つらいこともおさまった。腹立たしいことがあっても心がなごんだ。翁は竹を取ることが長い間続いた。

②　命長ければ恥多し。長くとも、四十《よそぢ》に足らぬほどにて死なんこそめやすかるべけれ。

訳　命が長いと、それだけ恥をかくことが多い。いくら長くても、四十歳に足りない年ごろで死ぬのが見苦しくないだろう。

①	②

問四　次の各文の――線部の形容詞の音便として適当なものを後から選び、記号で答えなさい。（各2点）

①　たのしい[a]事なのめならず。

訳　楽しいことは並一通りでない。

②　男女《をとこをんな》かず多かん[b]める。

訳　男女の数が多いようである。

③　いとうつくしうて[c]ゐたり。

訳　たいそうかわいらしい様子で座っていた。

ア　イ音便　　イ　ウ音便　　ウ　撥音便

a	b	c

10 形容動詞　活用の種類／形容動詞の音便

（　月　日）

時間
20分
得点
点

形容動詞

○自立語で活用がある。
○事物の性質や状態を表す。　例　静かなり・あはれなり・堂々たり
○言い切りが「――なり」「――たり」で終わる。

◆**活用の種類**　活用のしかたによって、次のナリ活用とタリ活用の二種類に分類される。

活用の種類	基本形	語幹	未然形	連用形	終止形	連体形	已然形	命令形
ナリ活用	**静かなり**	**静か**	なら	なり に	なり	なる	なれ	なれ
タリ活用	**堂々たり**	**堂々**	たら	たり と	たり	たる	たれ	たれ
下に続く主な語			ず	き・して	言い切る	もの・べし	ども	命令の意

◆**形容動詞の音便**

音便の種類	活用の種類と活用形	もとの形　→　音便の形
撥音便	ナリ活用・連体形	・静かなるなり　→　静かなんなり ・あやしげなるめり　→　あやしげなんめり

＊「なり」「めり」につくと、
　・静かなるなり → 静かなんなり → 静かななり
　・あやしげなるめり → あやしげなんめり → あやしげなめり
のように「ん」が表記されないこともある。

ノート　ナリ活用・タリ活用の見分け方

○ナリ活用 → 終止形が「――なり」になる
○タリ活用 → 終止形が「――たり」になる
＊タリ活用の語幹は漢語で、語数は少ない。

●**タリ活用の語例**

悠然《いうぜん》たり　荒涼《くわうりやう》たり　決然《けつぜん》たり
峨々《がが》たり　自若《じじやく》たり　厳《げん》たり
策々《さくさく》たり　騒然《さうぜん》たり　悄然《せうぜん》たり
泰然《たいぜん》たり　遅々《ちち》たり　茫々《ばうばう》たり
片々《へんぺん》たり　漫々《まんまん》たり　浩々《かうかう》たり

問一　次の二つの形容動詞の活用表を完成させなさい。（完答各5点）

基本形	語幹	未然形	連用形	終止形	連体形	已然形	命令形
静かなり							
堂々たり							

問二　次の各文の――線部の形容動詞の活用の種類と活用形を答えなさい。（完答各4点）

① 名利《みやうり》につかはれて、静かなる[a]いとまなく、一生を苦しむるこそ愚かなれ[b]。

訳　世間の名誉や利益にあくせくさせられて、静かにおちついた暇《ひま》もなく、一生を苦しんで暮らすのは、ばかげたことである。

② 清見が関うち過ぎて、富士の裾野になりぬれば、北には青山《せいざん》峨々《がが》と[c]して、松吹く風索々《さくさく》たり[d]。南は蒼海《さうかい》漫々《まんまん》と[e]して岸うつ波も茫々《ばうばう》たり[f]。

訳　清見が関を通り過ぎて、富士山の裾野にやって来ると、北には青々とした山が険しくそびえ、松を吹く風の音も寂しそうである。南は青い海が広々と続き、うち寄せる波も堂々と音をたてている。

③ 大路《おほち》のさま、松立てわたして、はなやかに[g]うれしげなる[h]こそ、またあはれなれ[i]。

訳　大通りの様子も、門松《かどまつ》を立て並べて、はなやかにうれしそうな感じがするのも、また趣深いものである。

a　活用　形	b　活用　形	c　活用　形
d　活用　形	e　活用　形	f　活用　形
g　活用　形	h　活用　形	i　活用　形

問三　次の［　］の形容動詞の基本形を適当な活用形に書き換えなさい。（各2点）

［をかしげなり］[A]児《ちご》の、［あからさまなり］[B]抱《いだ》きて遊ばしうつくしむほどに、かいつきて寝たる、いとらうたし。

訳　かわいらしい赤ん坊が、ちょっと抱いて遊ばせかわいがっているうちに、抱きついて寝てしまったのは、とてもかわいい。

A	
B	

11 形容詞・形容動詞の語幹の用法

◆形容詞の語幹の用法　注シク活用は語幹の部分に終止形が入る。

① 語幹 だけ ⇒ 感動を表し、文が終わる

② 語幹 ＋ 接尾語「さ」「み」 ⇒ 名詞をつくる

③ 語幹 ＋ の ⇒ 体言を修飾し、感動を表す

④ 名詞（＋を）＋ 語幹 ＋ 接尾語「み」 ⇒ 原因・理由を表す

「(名詞)が…ので」と訳す

◆形容動詞の語幹の用法

① 語幹 だけ ⇒ 感動を表す

② 語幹 ＋ 接尾語「さ」 ⇒ 名詞をつくる

③ 語幹 ＋ の ⇒ 体言を修飾し、感動を表す

（　月　日）

時間
20分
得点
点

◆形容詞の語幹の用法　例文

①▼あな、めでた。（ク活用「めでたし」の語幹）
（ああ、すばらしいなあ。）
▼あな、わびし。（シク活用は終止形）
（ああ、情けないなあ。）

②▼高さ・白さ・楽しさ
▼深み・重み・厚み

③▼おもしろ＋の 月 の光や。（体言(月)を修飾）
（すばらしい月の光だなあ。）

④▼瀬＋を＋早（ク活用「早し」の語幹）＋み
（川の流れが早いので）
▼倉椅山《くらはしやま》＋を＋嶮《さが》し（ク活用終止形）＋み
（倉椅山がけわしいので）

◆形容動詞の語幹の用法　例文

①▼あな、めづらか。（「めづらかなり」の語幹）
（ああ、めずらしいなあ。）

②▼静かさ・おろかさ・豊かさ

③▼おろか＋の こと をのたまふものかな。（体言(こと)を修飾）
（いい加減なことをおっしゃられるものだなあ。）

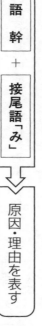

問一　次の各文の――線部の形容詞・形容動詞の語幹の用法として適当なものを後から選び、記号で答えなさい。（各5点）

①　おぼろけの願によりてにやあらむ、風も吹かず、よき日いできて、漕《こ》ぎ行く。

訳　並々ならぬ祈願によってであろうか、風も吹かず、すばらしい太陽がでてきて、（舟を）漕いで行く。

②　若の浦に潮満ち来れば潟《かた》を無《な》み葦辺《あしべ》をさして鶴《たづ》鳴きわたる

訳　和歌の浦に潮が満ちてくると、干潟《ひがた》がなくなるので、葦の生えているあたりを目ざして、鶴《つる》が鳴きながら飛んで行くよ。

③　山里は冬ぞさびしさまさりける人目も草もかれぬと思へば

訳　山里は特に冬が寂しさの増す季節だ。人の行ききも途絶《とだ》え、草も枯れてしまったなあと思うと。

④　あな、めづらか。いかなる御心ならむ。

訳　ああ、めずらしいなあ。どんなお気持ちなのだろう。

ア　語幹だけで感動を表す

イ　語幹に接尾語がついて名詞をつくる

ウ　語幹に「の」がついて体言を修飾する

エ　名詞＋を＋語幹＋接尾語「み」で、原因・理由を表す

a	
b	
c	
d	

問二　次の各文の――線部を形容詞・形容動詞の語幹の用法に注意して、口語訳しなさい。（各8点）

①　あな暗《くら》、奥寄《おう》り給へ。（奥へお寄りなさい）

②　瀬《川の流れ》を速み岩にせかるる滝川の……（岩にせきとめられている滝川が……）

③　夜を寒み置く初霜を払ひつつ……（初霜が置く、その霜を払いのけて……）

④　山高み春とも知らぬ……（春が来ても知らず……）

a	c
b	d

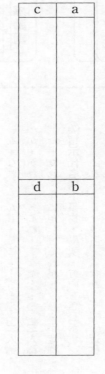

12 活用のない自立語の種類／名詞／連体詞

（　月　日）

時間	得点
20分	点

◆活用のない自立語の種類

活用のない自立語
- 主語になる（体言《たいげん》）―― **名詞**
- 主語にならない
  - 修飾語になる
    - 体言だけを修飾する ―― **連体詞**
    - 主に用言を修飾する ―― **副詞**
  - 修飾語にならない
    - 接続語になる ―― **接続詞**
    - 独立語になる ―― **感動詞**

◆名詞

名詞の種類

普通名詞	同じ種類の事物に共通する名を表す名詞
固有名詞	人名・地名など特定の名を表す名詞
代名詞	事物の名の代わりに、直接そのものをさし示す名詞
数詞	事物の数量や順序などを表す名詞
形式名詞	普通名詞が実質的な意味を失って形式的に用いられる名詞

◆連体詞

連体詞は、すべて他の品詞からできたもので、語数は少ない。必ず連体修飾語（体言を修飾する語）になる。（左の用例の太字が連体詞）

・**あらぬ**噂《うわさ》（意外な）　・**あらゆる**人　・**ある**山里　・**いはゆる**田舎人《ゐなかびと》
・**いんじ**六月（去る）　・**去**《さ》**んぬる**年（去る）　・**かかる**所（このような）　・**来たる**十月
・**さしたる**力（それほどの）　・**させる**功（たいした）　・**さる**折（そのような）　・**なでふ**こと（なんという）

●名詞の例

〈**普通名詞**〉水・月・自然・心・夢・男・女

〈**固有名詞**〉徒然草・清少納言・富士山・奈良

〈**代名詞**〉

(1) **人称代名詞**…人物をさし示す

あ・あれ・わ・われ・おのれ……**一人称**
な・なれ・なんぢ・そこ……**二人称**
か・かれ・こ・これ・こなた……**三人称**
た・たれ・なにがし・それがし……**不定称**

(2) **指示代名詞**…事物・場所・方向をさし示す

こ・これ・ここ・こち・こなた……**近称**
そ・それ・そこ・そち・そなた……**中称**
か・かれ・あ・あれ・あち・あなた……**遠称**
いづれ・いづこ・いづく・いづち……**不定称**

〈**数　詞**〉一・三年・五枚・七番・幾人

〈**形式名詞**〉こと・もの・ため・ほど・ゆゑ

ノート　形式名詞の見分け方

形式名詞は、上に必ず連体修飾語がある。

例　苦しき　こと　もやみぬ。

苦しき：形式名詞「こと」を修飾する連体修飾語
こと：形式名詞

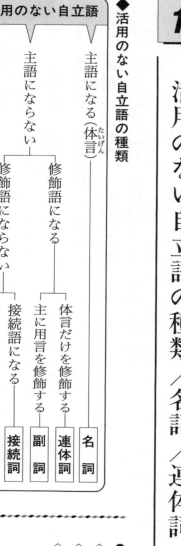

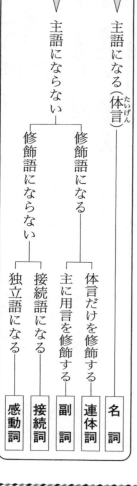

問一　次の名詞の種類として適当なものを後から選び、記号で答えなさい。（各3点）

① 枕草子　② なんぢ　③ 桜　④ 三月三日
⑤ 深み　⑥ あなた　⑦ こ　⑧ 武蔵《むさし》の国

ア　普通名詞　イ　固有名詞　ウ　代名詞
エ　数詞

①	②	③	④
⑤	⑥	⑦	⑧

問二　次の各文から形式名詞を抜き出して書きなさい。（各3点）

① 僧たち笑ふこと限りなし。
訳 僧たちが笑うことこのうえない。

② 急ぎしもせぬほどに、月出《い》でぬ。
訳 たいして急ぎもしないうちに、月が出てきた。

③ 翁、竹を取ること久しくなりぬ。
訳 （竹取の）翁は、竹を取ることが長く続いた。

①	②	③

問三　次の――線部の名詞の種類として適当なものを後から選び、記号で答えなさい。（各2点）

むかし、男[a]ありけり。その男、身を要《えう》なきもの[b]に思ひなして、京[c]にはあらじ、東《あづま》の方に住むべき国[d]求めにとて、行きけり。もとより友とする人ひとりふたり[e]して、行きけり。

訳 昔、男がいた。その男、自分の身を世間には無用の人間と思いきめて、京都には身を置くまい、東国の方にこれから住むことができる国を探しに、ということで、出かけて行った。以前から友とする人一人二人とともに、行った。

ア　普通名詞　イ　固有名詞　ウ　代名詞
エ　数詞　オ　形式名詞

a	b	c	d	e

問四　次の各文から連体詞を抜き出して書きなさい。（各4点）

① ある山里にたづね入ること侍《はべ》りしに、
訳 ある山里に訪ね入ることがございましたが、

② いはゆる田舎人になむなりにて侍る。
訳 世にいういなか者になりました。

①	②

13 副詞

（　月　日）

時間	得点
20分	点

◆副詞の種類

(1) **状態の副詞** ― 主に動詞を修飾し、動作や作用の状態を表す。

例 かくて、翁《おきな》、**やうやう**（状態の副詞）豊かになりゆく（動詞）。

訳 このようにして、翁はだんだん金持ちになっていく。

(2) **程度の副詞** ― 主に形容詞・形容動詞を修飾し、性質や状態の程度を表す。

例 **いと**（程度の副詞）幼けれ（形容詞）ば籠《こ》に入れて養ふ。

訳 たいへん小さいのでかごに入れて育てる。

(3) **陳述《ちんじゅつ》の副詞** ― 下に、打消・禁止・疑問・願望などの決まった言い方を要求するもの。「呼応《こおう》の副詞」ともいう。

例 **つゆ**（陳述の副詞）疑は**ず**（打消）。　訳 まったく疑わない。

例 **な**（陳述の副詞）泣き**そ**（禁止）。　訳 泣いてくれるな。

例 **え**（陳述の副詞）忘れ**ず**（打消）。　訳 忘れることができない。

●陳述の副詞と呼応する語の主な例

▼人**さらに**用ゐ**ず**。（打消）
（人はまったく信じない。）

▼**つゆ**おとなふもの**なし**。（打消）
（まったく音を立てるものがない。）

▼**え**出《い》でおはします**まじ**。（不可能）
（外に出ていらっしゃることはできないだろう。）

▼**よも**烏《からす》にとられ**じ**。（打消推量）
（まさか烏にとられないだろう。）

▼**ゆめゆめ**憎み給ふ**な**。（禁止）
（決してお憎みなさるな。）

▼**いかが**思はざら**む**とおぼゆ。（反語）
（どうして思わないことがあろうか、と思われる。）＊「む」は連体形

▼**いかに**思ひ始めけることに**か**、（疑問）
（どのように思い始めたことであろうか、）

▼**など**かく久しくあり**つる**。（疑問）
（どうして、こんなに長い間見えなかったのか。）＊「つる」は連体形

▼**いかで**誘ひ出して遊ば**む**と、（願望）
（なんとかして誘い出して遊ぼうと、）＊「む」は連体形

▼**いつしか**梅咲か**なむ**。（願望）
（早く梅が咲いてほしい。）

▼**あたかも**四条五条の橋の**ごとし**。（比況）
（まるで四条五条の橋のようである。）

▼**たとひ**雨降る**とも**行かむ。（仮定）
（たとえ雨が降っても行こう。）

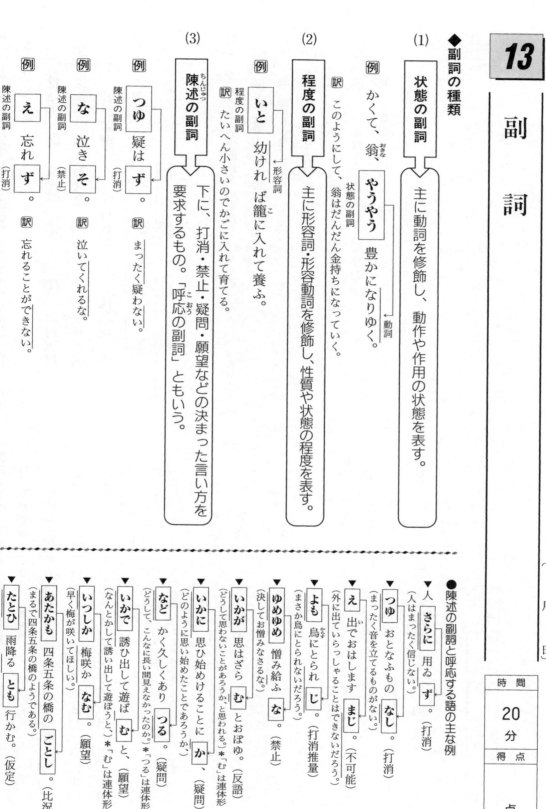

問一　次の――線部の副詞が修飾している文節を抜き出して書きなさい。（各3点）

春はやがて夏の気をもよほし、夏よりすでに秋はかよひ、秋はすなはち寒くなり、十月は小春《こはる》の天気、草も青くなり、梅もつぼみぬ。

（a やがて　b すでに　c すなはち）

訳　春はそのまま夏の現象を生み出し、夏からすでに秋の現象がただよい、秋はそのまま寒くなるが、十月は小春日和《こはるびより》の天気で、草もしげり、梅もつぼみをもつようになる。

a	b	c

問二　次の各文の――線部の副詞の種類を後から選び、記号で答えなさい。（各3点）

① 風、雲のけしきはなはだ（a）あし。
訳　風や雲の様子が非常に悪い。

② かきつばたいと（b）おもしろく咲きたり。
訳　かきつばたがたいへん美しく咲いている。

③ たけき者もつひに（c）は滅びぬ。
訳　勢力が盛んな者も最後には滅んでしまう。

④ 涙のつと（d）出《い》で来《こ》ぬ、いとはしたなし。
訳　（悲しい話を聞きながら）涙がさっと出てこないのは、ひどくきまりが悪い。

ア　状態の副詞　　イ　程度の副詞

a	b	c	d

問三　次の各文の――線部を副詞の呼応に注意して、口語訳しなさい。（各7点）

① え（a）答へずなり侍りつ。
訳　［　］なりました。

② 昔ながらつゆ（b）変はることなきも、めでたきことなり。
訳　昔のままで［　］のも、すばらしいことである。

③ 生駒山《いこまやま》雲な（c）隠しそ雨は降るとも
訳　生駒山を雲よ［　］、たとえ雨は降っても。

a	b	c

14 接続詞／感動詞

（　月　日）

時間 20分　得点　　点

◆接続詞

(1) 対等の関係を表すもの…主として文中にある。

① 並列 → 対等の関係で二つ以上のものを並べる場合。

② 選択 → 二つ以上のものから一つを選ぶ場合。

③ 添《てん》加《か》 → 前のものにさらにつけ加える場合。

(2) 条件的接続を表すもの…主として文頭にある。

④ 順接 → 条件を示す前の事柄が順当に後に続く場合。

⑤ 逆接 → 条件を示す前の事柄とは反対の結果に続く場合。

◆感動詞

① 感動　例 **あはれ**、うれしき事かな。　訳 ああ、うれしい事だなあ。

② 呼びかけ　例 **いざ**、ゆきて見てこん。　訳 さあ、行って見てこよう。

③ 応答　例 **いな**、さもあらず。　訳 いや、そうではない。

●接続詞の語例

並列	および・また・ならびに・かつ・はた
選択	あるいは・あるは・または・もしくは
添加	しかも・しかのみならず・かつ・なほ
順接	しからば・しかして・されば・ゆゑに すなはち・かくて・さらば・かかれば
逆接	されど・さりながら・さりとて・さる は・しかし・しかれども・しかるに

ノート **接続詞と副詞の違い**

接続詞の中には副詞と同じ形の語がある。見分け方は、たとえば、

① 山また山を越え行く。　（接続詞）

② また山を越え行く。　（副詞）

②′ 山をまた越え行く。　（副詞）

で、①の「また」は位置を変えられないが、②はのように位置を変えることができる。

●感動詞の語例

感動	あはれ・ああ・あな・いで・すは
呼びかけ	いざ・いかに・いで・なう・や
応答	いさ・いな・えい・おう・しかしか

問一　次の各文から接続詞を抜き出して書き、さらに働きとして適当なものを後から選び、記号で答えなさい。(完答各6点)

① 力を尽くしたること少なからず。しかるに、禄《ろく》いまだ賜《たま》はらず。

訳 尽力したことは少なくない。それなのに、ほうびをまだいただいていない。

② 金銀、珠玉《しゅぎょく》などの宝、ならびに一国などを賜《た》ぶべし。

訳 金銀や宝石などの宝もの、および一国などをお与えになろう。

③ ゆく河の流れは絶えずして、しかも、もとの水にあらず。

訳 (流れて)行く河の(水の)流れは絶えることがなくて、しかも、(今流れている水は)もとの水ではない。

④ みさごは荒磯《ありそ》に居《ゐ》る。すなはち人を恐るるが故《ゆゑ》なり。

訳 みさご〈鳥の名前〉は波が高く岩の多い海岸に住む。それは人を恐れているためである。

⑤ かの鬼も夜ごとに家をめぐり、あるいは屋の棟《むね》に叫びて、いかれる声、夜ましにすさまじ。

訳 例の鬼も夜ごとに家の周囲をまわり、そうでなければ屋根の棟に(のぼって)叫んで、怒りの声は夜ごとにものすごくなる。

⑥ いと興《きゃう》あることなり。さらば行け。

訳 たいへんおもしろいことだ。それならば行け。

ア 並列　イ 選択　ウ 添加　エ 順接　オ 逆接

①	③	⑤
②	④	⑥

問二　次の各文の――線部の感動詞の種類として適当なものを後から選び、記号で答えなさい。(各3点)

① いざ[a]、かいもちひせむ。　訳 さあ、ぼたもちを作ろう。

② あな[b]、めでたや。　訳 ああ、すばらしい。

③ いな[c]、さもあらず。　訳 いや、そうではない。

ア 感動　イ 呼びかけ　ウ 応答

a	
b	
c	

15 助動詞(1) す・さす・しむ／る・らる

（　　月　　日）

時間	20分
得点	点

す・さす・しむ

接続

す——四段・ナ変・ラ変動詞の**未然形**
さす—右以外の六種類の動詞の**未然形**
しむ—活用語の**未然形**

活用

基本形	未然形	連用形	終止形	連体形	已然形	命令形	活用の型
す	せ	せ	す	する	すれ	せよ	下二段型
さす	させ	させ	さす	さする	さすれ	させよ	下二段型
しむ	しめ	しめ	しむ	しむる	しむれ	しめよ	下二段型

意味

❶ 使役 …せる　…させる
❷ 尊敬 …なさる　お…になる

る・らる

接続

る——四段・ナ変・ラ変動詞の**未然形**
らる—右以外の六種類の動詞の**未然形**

活用

基本形	未然形	連用形	終止形	連体形	已然形	命令形	活用の型
る	れ	れ	る	るる	るれ	れよ	下二段型
らる	られ	られ	らる	らるる	らるれ	られよ	下二段型

＊「可能」と「自発」には命令形がない。

意味

❶ 受身 …される　…られる
❷ 可能 …ことができる
❸ 自発 自然に…れる　…られる
❹ 尊敬 …なさる　お…になる

す・さす・しむ　例文

❶**使役**▼妻《め》の嫗《おうな》に預けて養はす。
（妻である老女に預けて養はせる。）

❷**尊敬**▼などかうは泣かせ給ふぞ。
（どうしてこのようにお泣きになるのか。）

ノート　尊敬の「す・さす・しむ」

せ給ふ／させ給ふ／しめ給ふ　とあれば　尊敬　の場合が多い

る・らる　例文

❶**受身**▼ありがたきもの、舅《しうと》にほめらるる婿《むこ》。
（めったにないもの、舅にほめられる婿。）

❷**可能**▼冬はいかなる所にも住まる。
（冬はどのような所でも住むことができる。）

❸**自発**▼人知れず、うち泣かれぬ。
（人知れず、自然に泣かれてしまった。）

❹**尊敬**▼御心地はいかがおぼさるる。
（お気持ちはどのようにお思いになるだろうか。）

問一　助動詞「す」「さす」「しむ」、「る」「らる」について説明している次の文中の□に漢字を一字ずつ入れなさい。（各2点）

助動詞「す」は四段・ナ変・ラ変動詞、「さす」は上一段・上二段・下一段・下二段・カ変・サ変の六種類の動詞、「しむ」は活用語の、それぞれ[A]形に接続する。意味は「せ給ふ」「させ給ふ」「しめ給ふ」とあれば、「せ」「させ」「しめ」は[B]の意味の場合が多く、単独で文中にあれば[C]になる。

助動詞「る」「らる」はともに[D]形に接続する。意味は[E]・[F]・[G]・[H]の四つがある。

問二　次の活用表を完成させなさい。（完答各5点）

基本形	未然形	連用形	終止形	連体形	已然形	命令形
す			す			
さす			さす			
しむ			しむ			
る			る			
らる			らる			

問三　次の各文の――線部の助動詞の意味として適当なものを後から選び、記号で答えなさい。（各2点）

① 作らしめ（a）給ふ詩《からうた》、いとかなし。
訳 お作りになった漢詩は、実に悲しいものだった。

② 月の都の人まうで来《こ》ば捕へさせ（b）む。
訳 月の都の人がやって来るならば捕らえさせよう。

③ 都のみぞ思ひやらるる（c）。
訳 都のことばかりが自然に思われる。

④ 国の守《かみ》にからめられ（d）にけり。
訳 国守につかまえられてしまった。

⑤ 眠らんとして寝《い》ねられ（e）ず。
訳 眠りたいのに寝ることができない。

⑥ かの大納言、いづれの船に乗らる（f）べき。
訳 あの大納言は、どの船にお乗りになるおつもりだろうか。

ア 使役　イ 尊敬　ウ 受身　エ 可能　オ 自発

a	b	c	d	e	f

16 助動詞 (2) ず／じ／まじ

（　月　日）

時間 20分　得点　点

ず

接続　活用語の**未然形**

活用

基本形	未然形	連用形	終止形	連体形	已然形	命令形	活用の型
ず	ず ざら	ず ざり	ず ○	ぬ ざる	ね ざれ	○ ざれ	特殊型

意味

❶ 打消 …ない

じ

接続　活用語の**未然形**

活用

基本形	未然形	連用形	終止形	連体形	已然形	命令形	活用の型
じ	○	○	じ	じ	じ	○	無変化型

意味

❶ 打消推量 …まい …ないだろう

❷ 打消意志 …まい …ないつもりだ

まじ

接続　活用語の**終止形**
ラ変型活用語と形容詞・形容動詞には**連体形**

活用

基本形	未然形	連用形	終止形	連体形	已然形	命令形	活用の型
まじ	まじく まじから	まじく まじかり	まじ ○	まじき まじかる	まじけれ ○	○	形容詞 シク活用型

意味

❶ 打消推量 …まい …ないだろう

❷ 打消意志 …まい …ないつもりだ

❸ 不適当 …はよくない …ないのがよい

❹ 打消当然 …すべきではない …はずがない

❺ 禁止 …するな …いけない

❻ 不可能 …できそうもない …できない

ず 例文

❶打消▼京には見えぬ鳥なれば、みな人見知らず。
（京都では見えない鳥なので、だれも〈その鳥を〉見知らない。）

じ 例文

❶打消推量▼一生の恥、これに過ぐるはあらじ。
（一生の恥で、これ以上のものはないだろう。）

❷打消意志▼京にはあらじ。
（京都には住まないつもりだ。）

まじ 例文

❶打消推量▼唐《から》のものは、薬のほかは、なくとも事欠くまじ。
（中国のものは、薬以外のものは、なくても不自由はしないだろう。）

❷打消意志▼わが身は女なりとも、敵《かたき》の手にはかかるまじ。
（私は女であっても、敵の手にかかって〈死にはし〉ないつもりだ。）

❸不適当▼妻《め》といふものこそ、男《をのこ》の持つまじきものなれ。
（妻というものは、男が持たないのがよいものである。）

❹打消当然▼つかの間も忘るまじきなり。
（ほんのちょっとの間も忘れるはずがないのだ。）

❺禁止▼おろかにもてなし給ふまじ。
（いいかげんにふるまいなさってはいけない。）

❻不可能▼えとどむまじければ、たださし仰《あふ》ぎて泣きをり。
（とても引きとめることができないので、ただふり仰いで泣いている。）

問一 助動詞「ず」「じ」「まじ」について説明している次の文中の□に漢字を一字ずつ入れなさい。（各2点）

助動詞「ず」と「じ」は活用語の［A］［ ］形に接続する。「まじ」は活用語の［B］［ ］形に接続する。ただし、ラ変型活用語と形容詞・形容動詞には［C］［ ］形に接続する。

問二 次の活用表を完成させなさい。（完答各5点）

基本形	未然形	連用形	終止形	連体形	已然形	命令形
ず	ず		ず ○			○
じ	○	○	じ			○
まじ			まじ ○		○	○

問三 次の各文の――線部の助動詞の意味として適当なものを後から選び、記号で答えなさい。（各2点）

① 開けて出《い》で入るところ閉《た》てぬ[a]人、いとにくし。

訳 開けて出入りする所をしめない人は、ひどくにくらしい。

② 勝たむとうつべからず。負けじ[b]とうつべきなり。

訳 勝とうと思って打つのはよくない。負けないつもりだと思って打たなければならないのだ。

③ 月ばかりおもしろきものはあらじ[c]。

訳 月ほど趣深いものはないだろう。

④ 三日、このものはほかへ持てゆくまじ[d]。

訳 三日間、ここのものはよそへ持っていってはいけない。

⑤ 冬枯れの景色こそ、秋にはをさを劣るまじけれ[e]。

訳 冬枯れの景色は、秋（の景色）には少しも劣らないだろう。

⑥ かぐや姫は重き病《やまひ》をしたまへば、え出《い》でおはしますまじ[f]。

訳 かぐや姫は重病でいらっしゃるので、出ておいでになることはとてもできそうにない。

ア 打消　イ 打消推量　ウ 打消意志
エ 禁止　オ 不可能

a	b	c	d	e	f

17 助動詞(3) き／けり

〔　月　日〕

時間	得点
20分	点

き

接続　活用語の**連用形**

カ変動詞・サ変動詞には、未然形・連用形に接続する。

カ変	未然形	連用形
	こ＜し・しか	き＜し・しか

サ変	未然形	連用形
	せ＜し・しか	し―き

活用

基本形	未然形	連用形	終止形	連体形	已然形	命令形	活用の型
き	(せ)	○	き	し	しか	○	特殊型

意味　❶ **過去** …た

けり

接続　活用語の**連用形**

活用

基本形	未然形	連用形	終止形	連体形	已然形	命令形	活用の型
けり	(けら)	○	けり	ける	けれ	○	ラ変型

意味　❶ **過去** …た　❷ **詠嘆** …だなあ　…ことよ

参考　**助動詞「き」と「けり」の違い**

き……直接経験した過去の回想で、会話文に多い。
けり…間接的に伝え聞いた過去の回想で、地の文に多い。

▼その人ほどなく失《う》せにけりと聞きはべりし。
（けり→助動詞「けり」の終止形　し→助動詞「き」の連体形）
(その人はまもなくなくなったと聞きました。)

＊筆者は「その人」がなくなったことを直接確かめていないが、「その人がなくなった」ということは直接聞いている。

き　例文
❶**過去**▼去年《こぞ》も見しに、花おもしろかりき。
(去年も見たが、花は美しかった。)

けり　例文
❶**過去**▼竹取の翁といふ者ありけり。
(竹取の翁という者がいた。)
❷**詠嘆**▼あさましう、犬などもかかる心あるものなりけり。
(意外にも、犬などにもこのような心があるものだなあ。)

問一　助動詞「き」「けり」について説明している次の文中の□に漢字を一字ずつ入れなさい。（各2点）

助動詞「き」も「けり」も活用語の A □□形に接続する。意味はともに B □□を表すが、「けり」には C □□の意味もある。

問二　次の活用表を完成させなさい。（完答各5点）

基本形	未然形	連用形	終止形	連体形	已然形	命令形
き	（せ）	○	き			○
けり	（けら）	○	けり			○

問三　次の各文から過去の助動詞「き」「けり」をそのまま抜き出して、活用形も答えなさい。（　）内の数字は抜き出す語数を表す。（完答各5点）

①　京より下りしときに、みな人、子どもなかりき。（2）

訳　京都から地方へ移ったときには、みんな子どもがなかった。

②　今の妻の志《こころざし》失《う》せにければ、京に送りてけり。さて本《もと》の妻となむ棲《す》みける。（3）

訳　新しい妻への愛情がなくなってしまったので、京都に送り返してしまった。そこでもとの妻と一緒に暮らした。

③　歌はよまざりけれど、世の中を思ひ知りたりけり。（2）

訳　和歌はよまなかったけれども、世の中のことは十分にわかっていた。

④　聞きしにも過ぎて尊くこそおはしけれ。（2）

訳　聞いていたのにもまさって、尊い様子でいらっしゃった。

	助動詞	活用形
①		形
		形
②		形
		形
		形
③		形
		形
④		形
		形

18 助動詞 (4) つ・ぬ／たり・り

（　月　日）

時間	得点
20分	点

つ・ぬ

接続　活用語の**連用形**

活用

基本形	未然形	連用形	終止形	連体形	已然形	命令形	活用の型
つ	て	て	つ	つる	つれ	てよ	下二段型
ぬ	な	に	ぬ	ぬる	ぬれ	ね	ナ変型

意味

❶ **完了**　…た　…てしまう

❷ **強意**　きっと…　確かに…

たり・り

接続

たり―活用語の**連用形**

り―サ変動詞の**未然形**／四段動詞の**命令形**（サ変は未然形・四段は已然形接続、あるいは、サ変・四段とも命令形接続などの説もある。）

活用

基本形	未然形	連用形	終止形	連体形	已然形	命令形	活用の型
たり	たら	たり	たり	たる	たれ	たれ	ラ変型
り	ら	り	り	る	れ	れ	ラ変型

意味

❶ **完了**　…た　…てしまう

❷ **存続**　…ている　…てある

参考　**「完了」とは**

完了とは、動作・作用が完結し実現している状態を表す。時間に関係なく、現在のことにも、過去・未来のことにも用いられる。

完了と過去とを混同しないように気をつけよう。

ノート　**「つ」「ぬ」が強意になる形**

終止形「つ」「ぬ」＋べし、未然形「て」「な」＋む　とあれば　**強意**（**きっと…だろう**／**ぜひ…しよう**）と訳す

つ・ぬ　例文

❶**完了**▼年ごろ思ひつること、果たし侍りぬ。（長年思っていたことを、なしとげました。）

❷**強意**▼黒き雲にはかに出《い》で来《き》ぬ。風吹きぬべし。（黒い雲が急に出てきた。きっと風が吹くだろう。）

たり・り　例文

❶**完了**▼富士川といふは、富士の山より落ちたる水なり。（富士川という川は、富士山から流れ落ちた水である。）

❷**存続**▼橋を八つ渡せるによりてなむ、八橋《やつはし》と言ひける。（橋を八つ渡してあることによって、八橋と名づけた。）

問一　助動詞「つ」「ぬ」「たり」「り」について説明している次の文中の□に漢字を一字ずつ入れなさい。（各2点）

助動詞「つ」「ぬ」「たり」「り」は、ともに活用語のA□□形に接続する。「り」はサ変動詞の未然形と四段動詞の命令形に接続する。ただし、異説もある。

意味はともにB□□を表す。ほかに、「つ」「ぬ」にはC□□、「たり」「り」にはD□□の意味もある。

問二　次の活用表を完成させなさい。（完答各5点）

基本形	未然形	連用形	終止形	連体形	已然形	命令形
つ			つ			
ぬ			ぬ			
たり			たり			
り			り			

問三　次の各文から助動詞「つ」「ぬ」「たり」「り」をそのまま抜き出し、さらに、意味として適当なものを後から選び、記号で答えなさい。（完答各5点）

① 清見が関の波も高くなりぬべし。
訳 清見が関の波もきっと高くなることだろう。

② 秋田、なよ竹のかぐや姫とつけつ。
訳 秋田は、（その子に）なよ竹のかぐや姫と名づけた。

③ このことかのこと怠《おこた》らず成《じやう》じてむ。
訳 このことも、あのこともなまけることなくぜひ成し遂げよう。

④ 常よりもの思ひたるさまなり。
訳 いつもよりも何かを思っている様子である。

⑤ 五十《いそぢ》の春を迎へて、家を出て世をそむけり。
訳 五十歳の春を迎えて、俗世間を離れて出家した。

⑥ 五月《さつき》のつごもりに、雪いと白う降れり。
訳 五月の末だというのに、雪がたいそう白く降り積もっている。

ア 完了　イ 強意　ウ 存続

	助動詞	意味
①		
②		
③		
④		
⑤		
⑥		

19 助動詞(5) む・むず／まし

（　月　日）

時間	得点
20分	点

む・むず

接続　活用語の**未然形**

活用

基本形	未然形	連用形	終止形	連体形	已然形	命令形	活用の型
む（ん）	○	○	む（ん）	む（ん）	め	○	四段型
むず（んず）	○	○	むず（んず）	むずる（んずる）	むずれ（んずれ）	○	サ変型

意味

❶ 推量　…う　…だろう

❷ 意志　…よう　…たい

❸ 婉《えん》曲《きょく》　…ような　（無理に訳さなくてもよい）

❹ 勧誘　…なさい　…のがよい

まし

接続　活用語の**未然形**

活用

基本形	未然形	連用形	終止形	連体形	已然形	命令形	活用の型
まし	ませ ましか	○	まし	まし	ましか	○	特殊型

意味

❶ 反実仮想　もし…としたら…だろうに　もし…ならば…だろう

❷ 意志　…ようかしら　…よう

❸ 推量　…う　…だろう

参考　**「反実仮想」とは**

反実仮想とは、現実に反することを、もし仮にそうであるならと想定して、その結果を推量することを表す。

ノート　**反実仮想の形と訳し方**

助動詞「まし」が反実仮想の意味で用いられるときは、次の形になることが多い。

○～せば…まし
○～ませば…まし
○～ましかば…まし

訳し方
○もし～としたら
…だろうに

む・むず　例文

❶**推量**▼何のたのしびかあらむ。（何の楽しみがあるだろうか。）

❷**意志**▼秋風の吹かむをりにぞ来《こ》むずる。（秋風が吹くときに来よう。）

❸**婉曲**▼心あらむ友もがな。（情趣を解するような友がいてほしい。）

❹**勧誘**▼とくこそ試みさせ給はめ。（早くお試しなさい。）

まし　例文

❶**反実仮想**▼世の中にたえて桜のなかりせば春の心はのどけからまし（もし世の中にまったく桜がなかったとしたら、春を楽しむ人の心はのどかでいられるだろうに。）

問一　助動詞「む」「むず」「まし」について説明している次の文中の□に漢字を一字ずつ入れなさい。（各2点）

助動詞「む」「むず」「まし」は、ともに活用語のＡ□□形に接続する。意味は、ともにＢ□□と意志を表す。ほかに「む」「むず」は婉曲《えんきょく》・勧誘を表し、「まし」はＣ□□□□を表す。

問二　次の活用表を完成させなさい。（完答各5点）

基本形	未然形	連用形	終止形	連体形	已然形	命令形
む	○	○	む			○
むず	○	○	むず			○
まし		○	まし			○

問三　次の各文の――線部の助動詞の意味として適当なものを後から選び、記号で答えなさい。（各2点）

① いとをかしげなる猫なり。飼は[む]a。
訳 たいそうかわいらしい猫である。飼いたい。

② 敵《かたき》すでに寄せ来るに方々の手分けをこそせられ[んずれ]b。
訳 敵が今にも寄せて来るので、皆さん方が手分けをされるのがよい。

③ もとの国より迎へに人びとまうで来[むず]c。
訳 もとの国（月の国）から迎えに人々がやって来るだろう。

④ さる所へまから[むずる]dも、いみじくも侍《はべ》らず。
訳 そのような所へ参るようなことも、たいしてうれしくもありません。

ア 推量　イ 意志　ウ 婉曲　エ 勧誘

a
b
c
d

問四　次の文を「〜ましかば…まし」に注意して口語訳しなさい。（10点）

鏡に色・形あらましかば、映らざらまし。

20 助動詞(6) らむ／けむ

らむ

接続 活用語の**終止形**
ラ変型活用語と形容詞・形容動詞には**連体形**

活用

基本形	未然形	連用形	終止形	連体形	已然形	命令形	活用の型
らむ（らん）	○	○	らむ（らん）	らむ（らん）	らめ	○	四段型

意味

❶ **現在推量** …ているだろう
今ごろは…だろう

❷ **現在の原因・理由の推量** どうして…だろう
…だから…だろう

❸ **現在の伝聞・婉曲《えんきょく》** …とかいう
…ような

けむ

接続 活用語の**連用形**

活用

基本形	未然形	連用形	終止形	連体形	已然形	命令形	活用の型
けむ（けん）	○	○	けむ（けん）	けむ（けん）	けめ	○	四段型

意味

❶ **過去推量** …ただろう
…たのだろう

❷ **過去の原因・理由の推量** どうして…たのだろう
…だから…たのだろう

❸ **過去の伝聞・婉曲《えんきょく》** …たとかいう
…たような

らむ 例文

❶**現在推量**
▼また異所《ことどころ》にかぐや姫と申す人ぞおはすらむ。
（また別の所にかぐや姫と申し上げる方がいらっしゃるのだろう。）

❷**現在の原因・理由の推量**
▼などや苦しき目を見るらむ。
（どうしてつらい目にあうのだろう。）

❸**現在の伝聞・婉曲**
▼人の言ふらむことをまねぶらむよ。
（人の言うようなことをまねるとかいうことだよ。）

けむ 例文

❶**過去推量**
▼五年六年《いつとせむとせ》のうちに千年《ちとせ》や過ぎにけむ。
（五・六年の間に、千年が過ぎてしまったのだろうか。）

❷**過去の原因・理由の推量**
▼唐土《もろこし》の人は、これをいみじと思へばこそ、記しとどめて、世にも伝へけめ。
（中国の人は、これをすばらしいと思ったので、だから書き残して、後世にも伝えたのだろう。）

❸**過去の伝聞・婉曲**
▼対《むか》ひゐたりけむ有様《ありさま》、さこそ異様《ことやう》なりけめ。
（対座したような様子は、さぞかし変なものであっただろう。）

＊「異様なりけめ」の「けめ」は過去推量の意味である。

（ 月 日）

時間	得点
20分	点

問一　助動詞「らむ」「けむ」について説明している次の文中の□に漢字を一字ずつ入れなさい。（各2点）

助動詞「らむ」は活用語の A□□ 形に接続する。ただし、ラ変型活用語と形容詞・形容動詞には B□□ 形に接続する。また、「けむ」は活用語の C□□ 形に接続する。意味は、「らむ」が D□□ の推量を表すのに対して、「けむ」は E□□ の推量を表す。ほかには、ともに原因・理由の推量や伝聞・婉曲《えんきょく》の意味がある。

問二　次の活用表を完成させなさい。（完答各5点）

基本形	未然形	連用形	終止形	連体形	已然形	命令形
らむ	○	○	らむ			○
けむ	○	○	けむ			○

問三　次の各文から助動詞「らむ」「けむ」をそのまま抜き出して、活用形も答えなさい。（完答各5点）

① ひさかたの光のどけき春の日にしづ心なく花の散るらむ

訳 日の光ののどかな春の日なのに、どうしてゆっくりと落ちついた心もなく桜の花が散るのだろう。

② おぼすらむこと何事ぞ。

訳 お思いになっているようなことはどんなことですか。

③ 見渡せば山もとかすむ水無瀬川《みなせがは》夕べは秋となに思ひけむ

訳 見渡すと山のふもとは霞んで、水無瀬川が流れている。夕暮れ（の景色）は秋（が春よりすばらしい）と、どうして思っていたのだろうか。

④ 色も香もむかしの濃さに匂へども植ゑけむ人の影ぞこひしき

訳 （梅の花は）色も香も昔と変わらない濃さで美しく咲いているけれども、これを植えたとかいう人の姿が恋しいことよ。

	助動詞	活用形
①		形
②		形
③		形
④		形

助動詞 (7) べし／らし

（　月　日）

時間
20分
得点
点

べし

接続　活用語の**終止形**
ラ変型活用語と形容詞・形容動詞には**連体形**

活用

基本形	未然形	連用形	終止形	連体形	已然形	命令形	活用の型
べし	べく べから	べく べかり	べし ○	べき べかる	べけれ ○	○	形容詞 ク活用型

「べし」の本来の意味は、経験や道理から判断して、そうあるのが当然だろうと確信をもって推量する意。

意味

❶ **推量** …きっと…だろう …にちがいない
❷ **意志** …よう …つもりだ
❸ **当然** …はずだ …しなければならない
❹ **適当** …がよい …が適当だ
❺ **可能** …ことができる
❻ **命令** …せよ …なさい

らし

接続　活用語の**終止形**
ラ変型活用語と形容詞・形容動詞には**連体形**

活用

基本形	未然形	連用形	終止形	連体形	已然形	命令形	活用の型
らし	○	○	らし	らし	らし	○	無変化型

意味

❶ **推定** …らしい …にちがいない

「推定」とは、確かな根拠に基づく推量

べし　例文

❶**推量**▼この戒《いまし》め、万事にわたるべし。
（この戒めは、すべてのことに通じるだろう。）

❷**意志**▼毎度ただ得失《とくしつ》なく、この一矢《ひとや》に定むべしと思へ。
（〈的《まと》に向かう〉たびごとにただ当たりはずれを考えずに、この一矢で決着をつけようと思いなさい。）

❸**当然**▼我《われ》、朝ごと夕ごとに見る竹の中におはするにて知りぬ。子となり給ふべき人なめり。
（私が、毎朝毎夕見ている竹の中にいらっしゃったので知った。〈私の〉子とおなりになるはずの人のようだ。）

❹**適当**▼家の造りやうは、夏をむねとすべし。
（家の造り方は、夏〈の生活〉を中心に考えるのがよい。）

❺**可能**▼その山、見るに、さらに登るべきやうなし。
（その山は、見ると、まったく登ることができそうにない。）

❻**命令**▼これより召さむには、みなかくのごとくまゐるべし。
（私が呼んだならば、全員がこのように参上しなさい。）

らし　例文

❶**推定**▼春過ぎて夏来たるらし白妙《しろたへ》の衣干したり天の香具山
（春が過ぎて夏が来たらしい。真っ白な衣が干してある。天の香具山に。）

問一　助動詞「べし」「らし」について説明している次の文中の□に漢字を一字ずつ入れなさい。（各2点）

助動詞「べし」も「らし」もともに活用語の［A］形に接続する。ただし、ラ変型活用語と形容詞・形容動詞には［B］形に接続する。「べし」の本来の意味は、確信をもって［C］する意である。ほかに意志・適当・当然・可能・命令などの意味もある。「らし」の意味は［D］で、確かな根拠に基づく推量を表す。

問二　次の活用表を完成させなさい。（完答各5点）

基本形	未然形	連用形	終止形	連体形	已然形	命令形
べし	べく べから		べし ○		○	○
らし	○	○	らし			○

問三　次の各文の――線部の助動詞の意味として適当なものを後から選び、記号で答えなさい。（各2点）

① 羽なければ、空をも飛ぶべから[a]ず。

訳 羽がないので、空を飛ぶことができない。

② この人々の深き心ざしは、この海にもおとらざるべし[b]。

訳 この人々の深い厚意は、きっとこの海の深さにも劣らないだろう。

③ やがて打手《うって》をつかはし、頼朝《よりとも》が首をはねて、わが墓の前に懸《か》くべし[c]。

訳 すぐに討手を行かせて、頼朝の首を切って、私の墓の前に懸けよ。

④ 人の歌の返し、とくすべき[d]を、えよみ得ぬほども心もとなし。

訳 人から来た歌の返事を、早くしなければならないのに、うまく歌ができないときも、じれったい。

ア 推量　イ 意志　ウ 当然　エ 適当
オ 可能　カ 命令

a	b	c	d

22 助動詞 (8) めり／たし・まほし／ごとし

（　月　日）

時間	得点
20分	点

めり

接続　活用語の**終止形**
ラ変型活用語と形容詞・形容動詞には**連体形**

活用

基本形	未然形	連用形	終止形	連体形	已然形	命令形	活用の型
めり	○	めり	めり	める	めれ	○	ラ変型

意味　❶ **推量**　…のようだ　…にみえる
❷ **婉《えん》曲《きょく》**　…ようだ

たし・まほし

接続　**たし**——活用語の**連用形**
まほし—活用語の**未然形**

活用

基本形	未然形	連用形	終止形	連体形	已然形	命令形	活用の型
たし	たく たから	たく たかり	たし ○	たき たかる	たけれ ○	○	形容詞ク活用型
まほし	まほしく まほしから	まほしく まほしかり	まほし ○	まほしき まほしかる	まほしけれ ○	○	形容詞シク活用型

意味　❶ **希望**　…たい　…てほしい

ごとし

接続　活用語の**連体形**
体言・助詞(の・が)

活用

基本形	未然形	連用形	終止形	連体形	已然形	命令形	活用の型
ごとし	ごとく	ごとく	ごとし	ごとき	○	○	形容詞ク活用型

意味　❶ **比況**　まるで…のようだ
❷ **例示**　たとえば…のようだ

参考　**助動詞「らむ」「らし」「めり」の違い**
いずれも現在の出来事について推量を示す。

> **らむ**…見えない現在の出来事に対する推量。
> ▼花咲くらむ。(花が今ごろ咲いているだろう。)
> **らし**…確かな根拠に基づく推量。
> ▼花咲くらし。(花が咲いているにちがいない。)
> **めり**…目前の事実を断定せずに遠回しに表現。
> ▼花咲くめり。(花が咲いているようだ。)

めり　例文

❶**推量**▼法華堂などもいまだ侍るめり。
(法華堂などもまだあるようです。)

❷**婉曲**▼竜田《たつた》川もみぢ乱れて流るめり渡らばにしき中やたえなむ
(竜田川のもみじは乱れて流れているようだ。もし川を渡るならば、錦の中途がきれてしまうだろうか。)

たし・まほし　例文

❶**希望**▼家にありたき木は松、桜。
(家に植えておきたい木は松と桜である。)

▼いかなる人なりけむ、尋ね聞かまほし。
(どんな人であったのだろうか、尋ねて聞きたい。)

ごとし　例文

❶**比況**▼小を捨て大につくがごとし。
(まるで小さなものを捨てて、大きなものにつくようだ。)

❷**例示**▼楊貴妃《やうきひ》ごときはあまり時めきすぎて悲しきことあり。
(たとえば楊貴妃のようなのは、あまりに愛情を受けすぎてかえってつらいことがあった。)

問一　助動詞「めり」「たし」「まほし」「ごとし」について説明している次の文中の□に漢字を一字ずつ入れなさい。（各2点）

助動詞「めり」は活用語の［A］形に接続する。ただし、ラ変型活用語と形容詞・形容動詞には［B］形に接続する。また、「たし」は活用語の［C］形に、「まほし」は活用語の［D］形に接続する。「ごとし」は活用語の［E］形と体言や助詞の「の」や「が」に接続する。

問二　次の活用表を完成させなさい。（完答各5点）

基本形	未然形	連用形	終止形	連体形	已然形	命令形
めり	○		めり			○
たし			たし ○		○	○
まほし			まほし ○		○	○
ごとし			ごとし		○	○

問三　次の各文の――線部の助動詞の意味として適当なものを後から選び、記号で答えなさい。（各2点）

① あはれにいひ語らひて泣くめれ（a）ど、涙落つとも見えず。
訳　しみじみと話し合って泣いているようだが、涙が落ちているとも見えない。

② ただ思ふ事とては、出家ぞしたき（b）。
訳　ただ思うことといえば、出家がしたい。

③ 人の子産みたるに、男、女、とく聞かまほし（c）。
訳　人が子どもを産んだときは、男か女か、早く聞きたい。

④ 和歌・管弦《くわんげん》・往生要集《わうじやうえうしふ》ごとき（d）の抄物《せうもつ》を入れたり。
訳　和歌や管弦やたとえば『往生要集《おうじょうようしゅう》』のような（書物の）抜き書きを入れてある。

⑤ おごれる人も久しからず、ただ春の夜の夢のごとし（e）。
訳　おごり高ぶっている人も長続きせず、まるでただ春の夜の夢のよう（にはかないもの）だ。

ア　推量　イ　希望　ウ　比況　エ　例示

a	b	c	d	e

23 助動詞 (9) なり(断定)／たり(断定)／なり(伝聞・推定)

〔　月　日〕

時間
20分
得点
点

なり

接続 活用語の**連体形**　**体言・助詞**

活用

基本形	未然形	連用形	終止形	連体形	已然形	命令形	活用の型
なり	なら	なり に	なり	なる	なれ	なれ	形容動詞ナリ活用型

意味

❶ **断定** …である　…だ

❷ **存在** …にある　…にいる

たり

接続 **体言**

活用

基本形	未然形	連用形	終止形	連体形	已然形	命令形	活用の型
たり	たら	たり と	たり	たる	たれ	たれ	形容動詞タリ活用型

意味

❶ **断定** …である　…だ

なり

接続 活用語の**終止形**　ラ変型活用語と形容詞・形容動詞には**連体形**

活用

基本形	未然形	連用形	終止形	連体形	已然形	命令形	活用の型
なり	○	なり	なり	なる	なれ	○	ラ変型

意味

❶ **伝聞** …という　…そうだ

❷ **推定** …らしい　…ようだ

二つの助動詞「なり」の違いは接続で見分けられる

なり　例文

❶**断定**▼おのが身はこの国の人にもあらず、月の都の人なり。
（私の身は、この〈人間〉世界の人ではない、月の世界の人である。）

❷**存在**▼この西なる家はなに人の住むぞ、問ひ聞きたりや。
（この西にある家はどんな人が住んでいるのか、聞いてみたことがあるか。）

たり　例文

❶**断定**▼下《しも》として上《かみ》に逆《さか》ふること、あに人臣《じんしん》の礼たらむや。
（臣下であって主君に逆らうことは、どうして臣下の礼であろうか。）

ノート　二つの助動詞「たり」の違い

たり
- 完了（38ページ）▼花咲き（連用形）たり。
- 断定（上段）▼我男（体言）たり。

＊二つの違いは接続で見分けられる。

なり　例文

❶**伝聞**▼駿河《するが》の国にあるなる山なむ、この都も近く天にも近く侍る。
（駿河の国にあるという山は、この都からも近く、天からも近くございます。）

❷**推定**▼笛をいとをかしく吹きすまして過ぎぬなり。
（笛をたいそうじょうずに吹きすまして過ぎたようだ。）

問一　助動詞「なり」（二種類）「たり」について説明している次の文中の□に漢字を一字ずつ入れなさい。（各2点）

助動詞「なり」には二つあって、A□□や存在の意を表す「なり」は活用語のB□□形や体言・助詞に接続し、C□□や推定の意を表す「なり」は活用語のD□□形（ラ変型活用語と形容詞・形容動詞にはE□□形）に接続する。助動詞「たり」には、完了の助動詞のほかに、F□□の意を表すものがあり、G□□に接続する。

問二　次の活用表を完成させなさい。（完答各5点）

基本形	未然形	連用形	終止形	連体形	已然形	命令形
なり（断定）			なり			
たり（断定）			たり			
なり（伝聞）	○		なり			○

問三　次の各文の――線部の助動詞の意味として適当なものを後から選び、記号で答えなさい。（各2点）

① 男もすなる[a]日記といふものを、女もしてみむとてするなり[b]。

訳 男も書くという日記というものを、女も書いてみようと思って書くのである。

② 秋の野に人まつ虫の声すなり[c]われかと行きていざとぶらはむ

訳 秋の野に人を待つという名の松虫の声がするようだ。「私を待っているのか」と、さあ訪ねて行ってみよう。

③ 清盛《きよもり》、嫡男《ちゃくなん》たる[d]によつて、その跡《あと》をつぐ。

訳 清盛は長男であるから、その跡をつぐ。

④ 天《あま》の原ふりさけ見れば春日《かすが》なる[e]三笠《みかさ》の山にいでし月かも

訳 広い大空をはるか遠く望み見ると春日にある三笠山に出た月だなあ。

ア 断定　イ 存在　ウ 伝聞　エ 推定

a	b	c	d	e

24 助詞(1) 格助詞

〔　月　日〕

時間
20分
得点
点

◆格助詞　主に体言や活用語の連体形などについて、その語が文中の他の語に対してどんな関係・資格に立つかを示す助詞。

の　が

（意味・用法）

❶**主格**　…が
❷**連体修飾**　…の
❸**体言の代用**　…のもの　…のこと
❹**同格**　…で
❺**比喩《ひゆ》**　…のように（「が」にはこの用法はない）

その他の格助詞の意味・用法

を	動作の対象（…を） 経過する場所・時（…を・…を通って） 動作の起点（…を・…から）
に	場所・時間（…に・…で） 動作の対象（…に・…に対して） 動作の目的（…に・…ために） 変化の結果（…に・…と） 原因・理由（…で・…のために） 受身・使役の対象（…に） 比較の基準（…より・…に比べて） 強意（しきりに…する）
へ	動作の方向（…へ・…の方へ）
と	動作を共にする相手（…と・…とともに） 変化の結果（…と・…に） 比較の基準（…と・…に比べて） 比喩（…のように）
と	語句の引用（…と） 並列（…と…と） 強意（…するものはすべて）
より から	動作・時間の起点（…から） 経過する場所（…を・…から） 手段・方法（…で・…によって） *比較の基準（…より・…に比べて） *即時（…とすぐに・…やいなや） *限定（…より・…以外）　*は「より」のみ
にて	場所・時間（…で） 手段・材料（…で・…によって） 原因・理由（…で・…のために） 状態・資格（…で・…として）
して	手段・方法（…で・…によって） 使役の相手（…を使って） 動作を共にする相手（…とともに）

の　が　（例文）

❶**主格▼**雪の降りたるは言ふべきにあらず。
（雪が降っている様子はなんともいうことができない。）

❷**連体修飾▼**わが宿のすだれ動かし秋の風吹く
（私の家のすだれを動かして秋の風が吹いていることだ。）

❸**体言の代用▼**いかなれば四条大納言のはめでたく、兼久《かねひさ》がはわろかるべきぞ。
（どうして四条大納言のものはすばらしく、兼久のものはよろしくないのだろうか。）

❹**同格▼**白き鳥のはしと足と赤き、しぎの大きさなる、水の上に遊びつつ魚《いを》を食ふ。
（白い鳥で、口ばしと足とが赤い、しぎくらいの大きさである〈鳥が〉、水の上で泳ぎながら魚を食べている。）

❺**比喩▼**日暮るるほどに、例の集まりぬ。
（日が暮れるころに、いつものように集まった。）

問一　次の各文の――線部の格助詞「の・が」の意味・用法として適当なものを後から選び、記号で答えなさい。(各2点)

① この歌は、ある人のいはく、大伴黒主《おおとものくろぬし》がaなり。
訳 この歌は、ある人が言うことには、大伴黒主のものである。

② 中納言なる人のb、娘あまた持ち給へるおはしき。
訳 中納言である人で、娘をたくさんお持ちになっていらっしゃる人がいらした。

③ 雀の子をいぬきがc逃がしつる。
訳 雀の子を(童女の)いぬきが逃がしてしまったよ。

④ 紫のdにほへる妹《いも》を憎くあらば人妻ゆゑに我《われ》恋ひめやも
訳 紫草のように美しく輝いているあなたが憎いと思うのであれば、(あなたを)人妻と知りながら私は恋をしたりしましょうか。

⑤ おのれがe芸の、まさりたることを喜ぶ。
訳 自分の芸が、優れていることを喜ぶ。

ア　主格　イ　連体修飾　ウ　体言の代用
エ　同格　オ　比喩

a	
b	
c	
d	
e	

問二　次の各文の――線部の格助詞の意味・用法として適当なものを後から選び、記号で答えなさい。(各2点)

① 翁《おきな》、竹をa取ること久しくなりぬ。
訳 翁は、竹を取ることが長く続いた。

② 今は昔、比叡《ひえ》の山にb児《ちご》ありけり。
訳 今となっては昔のことであるが、比叡山(の延暦寺)に少年がいた。

③ 東国の方へc落ちぞ行く。
訳 東国の方へ逃げ落ちて行った。

④ 大家《おほいへ》滅びて小家とdなる。
訳 大きな家がなくなって、小さな家となる。

⑤ 大津《おほつ》よりe浦戸《うらど》をさして漕《こ》ぎ出づ。
訳 大津から浦戸をめざして(舟を)漕ぎ出す。

⑥ 舟にf渡りぬれば、相模《さがみ》の国になりぬ。
訳 舟で渡ったところ、相模の国になった。

⑦ ありつる御随身《みずいじん》してgつかはす。
訳 さきほどのお供の者を使っておやりになる。

ア　場所・時間　イ　手段・材料　ウ　使役の相手
エ　変化の結果　オ　動作の方向　カ　動作の対象
キ　動作・時間の起点

a	
b	
c	
d	
e	
f	
g	

25 助詞(2) 接続助詞

（　月　日）

時間
20分
得点
点

◆**接続助詞**　主に用言や助動詞など活用する語について、接続詞のように上の意味が下の意味とどんな関係になっているかを示す助詞。

ば　※接続によって意味・用法が異なるので注意！

意味・用法

未然形接続 → ❶**順接の仮定条件**　もし…ならば　…たら

已然形接続 → ❷**順接の確定条件**
- A　原因・理由　…ので・…から
- B　偶然条件　…と・…たところ
- C　必然条件　…といつも・…と必ず

「ば」は 接続の違いで 「仮定」か「確定」を 見分ける

と・とも　※終止形に接続（形容詞・助動詞「ず」には連用形）

意味・用法

❶**逆接の仮定条件**　たとえ…ても　…としても

ど・ども　※已然形に接続

意味・用法

❶**逆接の確定条件**　…が　…けれども

その他の接続助詞の意味・用法と接続

がにを	単純接続（…と・…が） 逆接の確定条件（…が・…けれども）* 順接の確定条件（…ので・…から）* ＊は「に」「を」のみ	連体形
て	単純接続（…て） 原因・理由（…ので・…から） 逆接の確定条件（…が・…けれども）	連用形
で	打消接続（…ないで・…なくて）	未然形
して	単純接続（…て・…で）	連用形
つつ	動作の反復や継続（…て…し続けて） 動作の同時進行（…ながら）	連用形
ながら	逆接の確定条件（…が・…けれども） 動作の同時進行（…ながら）	連用形 名詞 副詞
ものの ものを ものから	逆接の確定条件（…が・…のに・…けれども）	連体形

ば　例文

❶**順接の仮定条件**
▼悪人のまねとて人を殺さば《未然形》、悪人なり。
（悪人のまねだといって人を殺したら、悪人である。）

❷**順接の確定条件**
A▼いと幼ければ《已然形》籠《こ》に入れて養ふ。
（たいへん小さいのでかごに入れて育てる。）
B▼おどろきて見れば《已然形》、歌あり。
（はっと気づいて見ると、歌がある。）
C▼この子を見れば《已然形》、苦しきこともやみぬ。
（この子を見るといつも、苦しいこともなくなった。）

と・とも　例文

❶**逆接の仮定条件**
▼かばかりになりては、飛び降るとも《終止形》降りなむ。
（これくらいになっては、飛び降りるとしてもきっと降りるであろう。）

ど・ども　例文

❶**逆接の確定条件**
▼文《ふみ》を書きてやれども《已然形》、返りごともせず。
（手紙を書いて出すけれども、返事もしない。）

参考　**順接・逆接・仮定条件・確定条件とは**
- ●**順接**…上下の関係が順当に接続する場合。
- ●**逆接**…上下の関係が対立して接続する場合。
- ●**仮定条件**…まだそうなっていないことを仮定して示すこと。（もし…ならば）
- ●**確定条件**…すでにそうなっていることを前提として示すこと。（…ので・…と）

問一　次の各文の――線部の接続助詞「ば」「ど」「とも」の意味・用法として適当なものを後から選び、記号で答えなさい。（各2点）

① それを見れば[a]、三寸ばかりなる人、いとうつくしうてゐたり。

訳 それを見ると、三寸ぐらいである人が、たいへんかわいらしい様子で座っていた。

② 狂人のまねとて大路《おほぢ》を走らば[b]、すなはち狂人なり。

訳 狂人のまねだといってもし大路を走るならば、とりもなおさず狂人である。

③ 命長ければ[c]、恥多し。

訳 命が長いといつも、恥となることが多い。

④ 京には見えぬ鳥なれば[d]、みな人見知らず。

訳 京では見かけない鳥なので、みんな知らない。

⑤ 船路《ふなぢ》なれど[e]、馬のはなむけす。

訳 船の旅路だけれども、馬のはなむけ（餞別《せんべつ》）をする。

⑥ 唐《から》の物は、薬の外《ほか》はなくとも[f]事欠《か》くまじ。

訳 中国の物は、薬のほかはないとしてもきっと不自由しないだろう。

ア　順接の仮定条件
イ　順接の確定条件（原因・理由）
ウ　順接の確定条件（偶然条件）
エ　順接の確定条件（必然条件）
オ　逆接の仮定条件
カ　逆接の確定条件

a	b	c	d	e	f

問二　次の各文の――線部の接続助詞の意味・用法として適当なものを後から選び、記号で答えなさい。（各2点）

① あやしがりて寄りて見るに[a]、筒《つつ》の中光りたり。

訳 不思議に思って近寄って見ると、筒の中が光っている。

② 涙のこぼるるに[b]、目も見えず、物もいはれず。

訳 涙がこぼれるので、目も見えず、口をきくこともできない。

③ 親のあはすれども、聞かで[c]なむありける。

訳 親が結婚させようとするけれども、聞き入れないでいた。

④ 身はいやしながら[d]、母なむ宮《みや》なりける。

訳 身分は低いけれども、母は内親王であった。

ア　順接の確定条件　　イ　逆接の確定条件
ウ　単純接続　　エ　打消接続

a	b	c	d

26 助詞(3)副助詞

（　月　日）

時間	得点
20分	点

◆**副助詞**　種々の語について、副詞のようにある意味を添えて、下の用言にかかる働きをする助詞。

だに

（意味・用法）

❶ **類推**　…さえ

軽いものをあげて、重いものを類推させる

❷ **最小限の限定**　せめて…だけでも

下に、意志・希望(願望)・仮定・命令などの語句があることが多い

すら

（意味・用法）

❶ **類推**　…さえ

一つのものを示して、他のものを類推させる

さへ

（意味・用法）

❶ **添加《てんか》**　…まで　そのうえ…までも

その他の副助詞の意味・用法

のみ	限定(…だけ) 強意(ただもう…・特に…)
ばかり	限定(…だけ) 程度(…ほど・…くらい・…ころ)
し	強意＊特に訳さなくてもよい。
まで	範囲・限度(…まで) 程度(…ほど・…くらい)
など	例示(…など) 婉曲《えんきょく》(…など・…なんか) 引用(…などと)

だに　（例文）

❶**類推**▼光やあると見るに、蛍《ほたる》ばかりの光だになし。
（光があるかと思って見ると、蛍ほどの光さえない。）

＊軽いものとして「蛍ばかりの光」をあげて、まして、それよりも強い光などはないことを類推させている。

❷**最小限の限定**

▼我に今一度《ひとたび》、声をだに聞かせ給へ。命令
（私にもう一度、せめて声だけでも聞かせて下さい。）

すら　（例文）

❶**類推**▼言問《こと》はぬ木すら妹《いも》と兄《せ》ありといふをただ独《ひと》り子にあるが苦しき
（言葉を話さない木さえ妹と兄があるというのに、〈私は〉たったひとりであるのが悲しいことだ。）

＊木にも妹と兄がいるということを示して、人間にも妹や兄がいることを類推させている。

さへ　（例文）

❶**添加**▼ある人の毛の穴さへ見ゆるほどなり。
（そこにいる人の毛穴まで見えるほどである。）

問一　次の各文の——線部の副助詞「だに」「すら」「さへ」の意味・用法として適当なものを後から選び、記号で答えなさい。（各2点）

① 花の色はかすみをこめて見せずとも香をだに[a]ぬすめ春の山風

訳 桜の花の色は霞に隠してみせなくても、せめて香りだけでも盗んで届けておくれ、春の山風よ。

② 今日《けふ》だに[b]いひ難し。まして後《のち》にはいかならむ。

訳 今日さえ言いにくい。まして、後日になったらどんなであろう。

③ 旅の空に助け給ふべき人もなき所に、いろいろの病をして、行方《ゆくへ》すら[c]もおぼえず。

訳 旅先でお助けなさるはずの人もいない所で、いろいろの病気をして、ゆくえさえわからない。

④ 春雨ににほへる色も飽かなくに香さへ[d]なつかし山吹の花

訳 春雨にぬれて美しく咲いている色も見飽きないのに、香りまでなつかしい山吹の花よ。

ア 類推　イ 添加　ウ 最小限の限定

a	b	c	d

問二　次の各文の——線部の副助詞の意味・用法として適当なものを後から選び、記号で答えなさい。（各2点）

① 花は盛りに、月はくまなきをのみ[a]見るものかは。

訳 桜の花は盛り（であるのだけ）を、月はかげりのないときだけ見るものであろうか。

② 五月《さつき》ばかり[b]などに山里《やまざと》に歩《あり》く、いみじうをかし。

訳 五月ごろなどに山里に出歩くのは、まことに趣がある。

③ 明くるより暮るるまで[c]東の山ぎはをながめて過ぐす。

訳 （夜が）明けてから（日が）暮れるまで、東の山ぎわをぼんやり見ながら過ごす。

④ 風の音《おと》、虫の音《ね》など[d]、はた言ふべきにあらず。

訳 風の吹く音や虫の鳴く声など、やはり言い表すことができない（くらいすばらしい）。

⑤ いまし[e]、羽根《はね》といふところに来《き》ぬ。

訳 ちょうど今、羽根という所に来た。

ア 強意　イ 程度　ウ 例示　エ 限定　オ 範囲・限度

a	b	c	d	e

27 助詞(4) 係助詞

（　月　日）

時間 20分

得点 　点

◆**係助詞**

種々の語について、強意・疑問・反語などの意味を添え、「は」「も」以外は文末に一定の結び方(連体形や已然形)を要求する。

ぞ **なむ**

意味・用法

❶ **強意** (あえて訳さなくてもよい)

※文末は**連体形**で結ぶ

や **か**

意味・用法

❶ **疑問** …か

❷ **反語** …だろうか、いや、…ない

疑問を表すか、反語を表すかは、文脈から判断しなければならないが、「やは」「かは」とあったら、反語になることが多い。

※文末は**連体形**で結ぶ

こそ

意味・用法

❶ **強意** (あえて訳さなくてもよい)

※文末は**已然形**で結ぶ

その他の係助詞の意味・用法

は	他と区別(…は)
も	他を類推(…もまた)
も	並列(…も…も) 強意(…も)

ノート 係り結びの法則

文中に係助詞「ぞ」「なむ」「や」「か」「こそ」があるとき、文末が一定の結び方をするきまりがある。これを「係り結びの法則」という。

係助詞	意味・用法	結びの活用形
ぞ	強意	連体形
なむ	強意	連体形
や	疑問	連体形
か	反語	連体形
こそ	強意	已然形

●係り結びの例外

①結びの省略…係助詞だけあって、結びが省略されることがある。

②結びの消滅(流れ)…文が終止せずに下に続く場合、係り結びが成立しないことがある。

ぞ **なむ** 例文

❶**強意**▼よろづの遊びをぞ(係助詞)しける(連体形)。

(いろいろな音楽の遊びをした。)

▼身はいやしながら、母なむ(係助詞)宮なりける(連体形)。

(身分は低いけれども、母は内親王であった。)

や **か** 例文

❶**疑問**▼いづれの山か(係助詞)天に近き(連体形)。

(どこの山が天に近いのか。)

❷**反語**▼死なぬ薬も何にか(係助詞)はせむ(連体形)。

(死なない薬も何になるだろうか、いや、何にもならない。)

こそ 例文

❶**強意**▼七夕まつるこそ(係助詞)なまめかしけれ(已然形)。

(七夕をまつることは優雅なことだ。)

問一　次の各文の——線部の係助詞の結びとなる語を抜き出しなさい。（各2点）

① 仏の御教へにたがふらんとぞおぼゆる。[a]

訳 仏の御教えにそむいているだろうと思われる。

② 橋を八つわたせるによりてなむ八橋《やつはし》といひける。[b]

訳 橋を八つかけていることによって、それで八橋といった。

③ なんぢもし小督《こがう》が行方《ゆくへ》や知りたる。[c]

訳 おまえはもしかして小督の行方を知っているか。

④ あとまで見る人ありとは、いかでか知らむ。[d]

訳 あとまで見ている人がいるとは、どうして知っているだろうか、いや、知らない。

⑤ 聞きしにもすぎてたふとくこそおはしけれ。[e]

訳 聞いていた以上に、尊くていらっしゃった。

a	b	c	d	e

問二　次の各文の——線部の係助詞に従って（　）内の語を正しい活用形に直しなさい。（各3点）

① ただ波の白きのみぞ（見ゆ）。[a]

訳 ただ波の白いのだけが見える。

② この十五日になむ、月の都より、かぐや姫の迎へにまうで来（なり）。[b]

訳 この月の十五日に、月の都から、かぐや姫の迎えのためにやってくるそうだ。

③ この君よりほかにまさるべき人やは（あり）。[c]

訳 この方よりほかにすぐれた人がいるだろうか、いや、いない。

④ などか今まで参り給はざり（つ）。[d]

訳 どうして今まで参上なさらなかったのか。

⑤ もののあはれは秋こそ（まさる）。[e]

訳 ものの情趣は秋が一番だ。

a	b	c

d	e

28 助詞(5) 終助詞／間投助詞

（　月　日）

時間
20分
得点
点

◆**終助詞**

文末にあって種々の語について、禁止・願望・詠嘆・強意などの意を表し、文を終止させる助詞。

終助詞	意味・用法	接続
な	禁止(…な)	終止形／ラ変型の連体形
(な)…そ	禁止(…な・…しないでほしい)	連用形／カ変・サ変は未然形
ばや	自分の願望(…たい)	未然形
なむ	他に対する願望(…てほしい)	未然形
もがな	他に対する願望(…てほしい)	種々の語
てしがな **てしが** **にしがな** **にしが**	自分の願望(…たい)	連用形
か・かな	詠嘆(…なあ)	連体形／体言
かし	強く念を押す(…よ・…ね)	言い切りの形
な	詠嘆(…なあ)	体言／言い切りの形
は	詠嘆(…なあ)	連体形／体言

◆**間投助詞**

文節の切れ目に入って(間に投げこまれて)、語調を整え、詠嘆や呼びかけの意を表す助詞。

間投助詞	意味・用法	間投助詞	意味・用法
よ	詠嘆(…よ) 呼びかけ(…よ)	**や**	詠嘆(…なあ) 呼びかけ(…よ)
を	詠嘆(…よ)		

ノート **二つの助詞「なむ」**

助詞の「なむ」には次の二つがある。見分け方は接続に注目する。

(1) **係助詞「なむ」**…体言・連体形・助詞に接続

例 その竹の中に、もと光る竹（体言）なむ（係助詞）一筋ありける。

訳 その竹の中に、根元が光る竹が一本あった。

(2) **終助詞「なむ」**…未然形に接続

例 いつしか梅咲か（未然形）なむ（終助詞）。

訳 早く梅が咲いてほしい。

終助詞 例文

▼あやまちすな。心して降りよ。
(失敗するな。気をつけて降りろ。)

▼ほととぎすの声尋ねに行かばや。
(ほととぎすの鳴き声を探しに行きたい。)

▼いかで、鳥の声もせざらむ山にこもりにしがな。
(何とかして、鳥の声も聞こえないような山にこもりたい。)

▼いま一度起こせかし。
(もう一度起こしてくれよ。)

間投助詞 例文

▼少納言よ、香炉峰《かうろほう》の雪いかならむ。
(少納言よ、香炉峰の雪はどんなであろうか。)

▼あが君や、いづ方におはしましぬる。
(わが君よ、どちらの方へおいでになってしまったのですか。)

問一　次の各文の――線部の終助詞の意味・用法として適当なものを後から選び、記号で答えなさい。（各2点）

① 今井がゆくへを聞かばや[a]。
訳 今井の行方を聞きたい。

② や、な起こし奉りそ[b]。
訳 これ、お起こし申し上げるな。

③ 「惟光《これみつ》、とく参らなむ[c]。」とおぼす。
訳 「惟光、早く来てほしい。」とお思いになる。

④ 詠《よ》みつべくは、はや言へかし[d]。
訳 （歌を）詠むことができるのなら、はやく言えよ。

⑤ 心あらん友もがな[e]。
訳 風流がわかる友がいてほしい。

⑥ 限りなく遠くも来にけるかな[f]。
訳 このうえなく（都から）遠くへ来てしまったなあ。

⑦ 竜の首の玉取り得ずは、帰り来《く》な[g]。
訳 竜の首の玉を取ることができなかったならば、帰って来るな。

ア 他に対する願望　イ 自己の願望　ウ 禁止
エ 強く念を押す　オ 詠嘆

a	e
b	f
c	g
d	

問二　次の各文の――線部の助詞の種類として適当なものを後から選び、記号で答えなさい。（各2点）

① 法華経と[a]申すらん物こそ[b]、いまだ名を[c]だに[d]も[e]聞き候はね。
訳 法華経と申し上げるものは、まだ名前さえも聞いていません。

② あはれなりつる所の[f]さまかな[g]。台の[h]前に[i]植ゑられたりける牡丹《ぼうたん》など[j]のをかしきこと。
訳 しみじみとした趣がある所の様子であるなあ。露台の前に植えられている牡丹などが風情があることだ。

③ なにの[k]心ありて[l]、あすは[m]ひの木と[n]つけけむ。あぢきなきかね言なりや[o]。
訳 どんなわけがあって、あすはひの木とつけたのだろう。つまらない予言であるなあ。

ア 格助詞　イ 接続助詞　ウ 副助詞
エ 係助詞　オ 終助詞　カ 間投助詞

a	f	k
b	g	l
c	h	m
d	i	n
e	j	o

29 敬語の種類

（　月　日）

時間
20分
得点
点

〈敬語の種類〉

話題の中の人物の動作を ― 高めて、その人物（動作主）に敬意を表す ― **尊敬語**

話題の中の人物の動作を ― 低めて、動作の受け手に敬意を表す ― **謙譲語**

書き手（話し手）が読み手（聞き手）に敬意を表す ― **丁寧語**

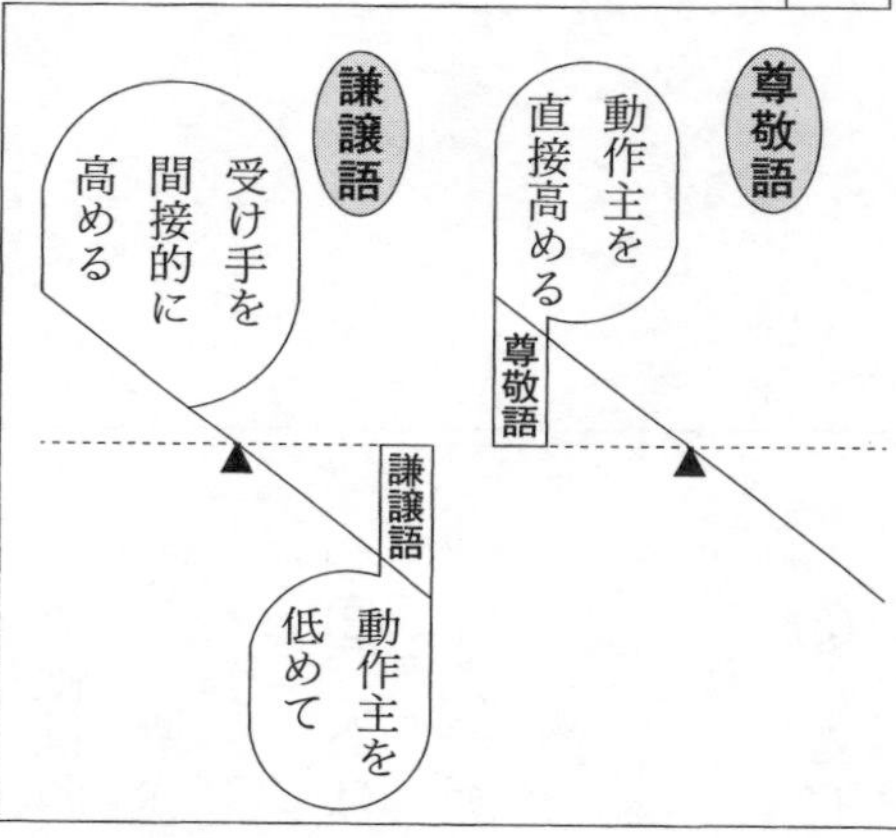

〈だれからだれへの敬意か〉

種類	だれから 地の文	だれから 会話文（手紙文）	だれへ
尊敬語	書き手	話し手（書き手）	動作主
謙譲語	書き手	話し手（書き手）	動作の受け手
丁寧語	書き手	話し手（書き手）	読み手・聞き手

＊「地の文」とは、会話や手紙以外の部分をさす。
＊心の中で思っている部分も、会話文と同じに扱ってよい。
＊地の文の「書き手」とは作者・筆者、「読み手」とは読者のことである。

●主な尊敬語と口語訳　＊「給ふ」は四段活用

尊敬語	動詞	補助動詞
おはす	いらっしゃる	…なさる
奉《たてまつ》る	お召しになる お乗りになる 召し上がる	
給ふ	お与えになる	…なさる
参《まゐ》る	お召しになる お乗りになる 召し上がる	

●主な謙譲語と口語訳　＊「給ふ」は下二段活用

謙譲語	動詞	補助動詞
聞こゆ	申し上げる	…し申し上げる
候ふ	お仕えする	
奉る	差し上げる	…し申し上げる
給ふ		…し申し上げる
侍り	お仕えする	
申す	申し上げる	…し申し上げる
参る	参上する 差し上げる	

●主な丁寧語と口語訳

丁寧語	動詞	補助動詞
候ふ	あります	…です・…ます
侍り	あります	…です・…ます

問一　次の敬語に対応する敬意を含まない動詞を後から選び、記号で答えなさい。（各２点）

①　のたまふ　②　おぼす　③　大殿ごもる

④　召す　⑤　います　⑥　申す

⑦　まかる　⑧　奏す　⑨　承《うけたまは》る

ア　言ふ　イ　寝《い》ぬ・寝《ぬ》　ウ　行く・来　エ　思ふ

オ　聞く・受く　カ　あり・居り・行く・来

キ　呼ぶ・招く・着る・乗る・飲む・食ふ

①	②	③	④	⑤	⑥	⑦	⑧	⑨

問二　次の各文の中から敬語をそのまま抜き出し、その敬語の種類を後から選び、記号で答えなさい。（完答各５点）

①　かぐや姫、すこしあはれとおぼしけり。

訳　かぐや姫は、少し気の毒にお思いになった。

②　かぐや姫をえ戦ひとめずなりぬること、こまごまと奏す。

訳　かぐや姫を引き留めることができなかったことを、こまごまと天皇に申し上げる。

③　駿河《するが》の国にあるなる山なむ、この都も近く、天も近く侍る。

訳　駿河の国にあるという山が、この都も近く、天にも近いです。

④　かぐや姫を養ひ奉ること二十余年になりぬ。

訳　かぐや姫を育て申し上げること二十年余りになった。

⑤　われ朝ごと夕ごとに見る竹の中におはするにて知りぬ。

訳　私が毎朝毎夕に見る竹の中にいらっしゃるのでわかった。

⑥　幼き人は、寝入り給ひにけり。

訳　幼い人は、寝入りなさってしまった。

ア　尊敬語　イ　謙譲語　ウ　丁寧語

①	③	⑤
②	④	⑥

30 特別な敬語表現

（　月　日）

時間	得点
20分	点

二方面への敬語

一つの動作に対して、書き手(話し手)が動作主と受け手を同時に敬うときに用いられる敬語表現。

例 かぐや姫……いみじく静かに、おほやけに御文奉り①給ふ②。

①→おほやけ(受け手)への謙譲語
②→かぐや姫(動作主)への尊敬語

＊①は、書き手が動作主のかぐや姫を低めることで、受け手の天皇を敬った表現。②は、書き手が動作主のかぐや姫を直接に敬った表現。①と②で、書き手が天皇とかぐや姫を同時に敬っている。

訳 かぐや姫は、……たいそう落ち着いて、天皇に御手紙を差し上げ①なさる②。

最高敬語

動作主が最高の階級の人物(天皇・皇后・中宮など)の場合、二つの尊敬語を重ねて用いる敬語表現。

例 (女房に)御格子《みかうし》あげさせて、(私が)御簾《みす》を高くあげたれば、(中宮様は)笑はせ①給ふ②。

①→尊敬の助動詞「す」の連用形
②→尊敬の補助動詞

＊書き手(私)が①と②の二つの尊敬語を重ねて中宮に敬意を表している。

訳 (女房に)御格子をあげさせて、(私が)御簾を高く巻きあげたところ、(中宮様は)お笑いになる。

ノート 絶対敬語

地の文や会話文に関係なく、動作の受け手が最高の階級の人物の場合にのみ用いられる敬意表現。絶対敬語の動詞としては、次の二語だけを覚えておくとよい。ともに「言ふ」の謙譲語である。

奏《そう》す 天皇・上皇に対して「申し上げる」ときに用いられる。

啓《けい》す 皇后・中宮・皇太子・上皇に対して「申し上げる」ときに用いられる。

例 よきに奏し①給へ。啓し②給へ。

①→天皇への謙譲語
②→中宮への謙譲語

訳 よろしく天皇に申し上げ①ください。中宮に(もよろしく)申し上げ②ください。

●**絶対敬語の名詞の例**

行幸《ぎやうかう》 天皇の外出。「みゆき」とも言う。
行啓《ぎやうけい》 皇后・皇太子などの外出。
御幸《ごかう》 上皇・法皇・女院などの外出。「みゆき」とも言う。
御所《ごしよ》 天皇・上皇・皇族の住居。
御製《ぎよせい》 天皇が作った漢詩文や和歌。

問一　次の各文の――線部の二方面への敬語は、だれからだれへの敬意を表しているか、それぞれ答えなさい。（完答各5点）

①（僧都《そうづ》が尼君《あまぎみ》に）「この世にののしり給ふ光源氏、かかるついでに見奉り[a]給は[b]むや。」

訳（僧都が尼君に）「この世に評判になっていらっしゃる光源氏を、このような機会に見申し上げなさいませんか。」（と言う。）

②（若紫は）尼君を恋ひ聞こえ[c]給ひ[d]て、うち泣きなどし給へど、宮をば、ことに思ひ出で聞こえ[e]給は[f]ず。

訳（若紫は亡き）尼君を恋しく思い申し上げなさって、泣いたりなさるが、（父親の）宮のことは、特に思い出し申し上げなさることはない。

a	から	へ	b	から	へ
c	から	へ	d	から	へ
e	から	へ	f	から	へ

問二　次の文は「枕草子」の一節です。これを読んで後の問いに答えなさい。

大納言殿まゐり[a]給ひ[b]て、文《ふみ》のことなど奏し給ふに、例の、夜いたくふけぬれば、御前なる人々、一人二人づつうせて、（中略）ただ一人、ねぶたきを念じてさぶらふに、「丑《うし》四つ。」と奏すなり。（中略）上の御前の、柱によりかからせ給ひて、すこしねぶらせ給ふを、……。

訳 大納言様が参上なさって、漢詩文のことなどを申し上げなさるうちに、いつものように、夜がたいそうふけたので、おそばの人々が一人二人といなくなり、（中略）ただ一人（私は）、眠いのをがまんしてひかえているうちに、「丑四つ（午前三時半ごろ）。」と申し上げる声がする。（中略）帝が柱に寄りかかりなさって、少し眠りなさるのを、……。

(1)　――線部aとbの二方面への敬語は、それぞれだれからだれへの敬意か答えなさい。（完答各5点）

a	から	へ	b	から	へ

(2)　文中から二重敬語をそのままの形で二つ抜き出しなさい。（各3点）

(3)　文中から絶対敬語を一つ抜き出し、終止形で答えなさい。（4点）

ひっぱると，はずして使えます。

Training Note

トレーニングノート α

古典文法

解答・解説

1 解答 ●5ページ

問一 A—現代 B—平安 C—歴史的

問二 ア行 あいうえお ハ行 はひふへほ
ヤ行 やいゆえよ ワ行 わゐうゑを

問三 ① イ ② ウ ③ オ ④ イ ⑤ エ ⑥ オ
⑦ コー ⑧ チョー ⑨ オー ⑩ カ

問四 A—は B—ほへ C—ゐ D—けふ E—ゑひ

コーチ 問一 「現代的かなづかい」や「歴史かなづかい」という言い方はしない。「かなづかい」は漢字で書くと、「仮名遣い」となる。

問二 ワ行の「ゐ」と「ゑ」を正しく書けるようにしておこう。

問三 歴史的かなづかいの読み方のルールは、①〜③・④〜⑥・⑦〜⑨・⑩と、4つのグループに分かれる。

問四 「いろは歌」を書けるようにしておくと歴史的かなづかいの学習に役立つから、何度も書いて練習しておこう。

2 解答 ●7ページ

問一 五

問二 ① いと／幼ければ／籠に／入れて／養ふ。／
② 友と／するに／あしき／者／七つ／あり。／
③ ゆく／河の／流れは／絶えず／して、／しかも／もとの／水に／あらず。／
④ 命／ある／ものを／見るに、／人ばかり／久しきは／なし。／

問三 a—エ b—イ c—ア d—ウ e—オ

コーチ 問一 ふつう文の終わりには句点(。)がついている。

問二 文節に区切るときは「ネ」を入れるとよい。②の「あしき者七つあり」が四文節、③の「ゆく河の」と「絶えずして」が、それぞれ二文節、④の「命あるものを」が三文節、「久しきはなし」が二文節に切れることに注意する。

問三 aは、訳を見ると接続のはたらきをしていることがわかるだろう。bは、「どうする」にあたる文節。述語はふつう文末にある。cは、「何は」にあたる文節だから主語になる。dは、下の「なりぬ」を説明しているから修飾語になる。eは、訳を見ると「ああ」と感動を表していることがわかる。

3 解答 ●9ページ

問一 ① 雨｜など｜降る｜も｜をかし。｜
② 今｜は｜昔、｜竹取｜の｜翁｜と｜いふ｜者｜あり｜けり。｜
③ はや｜舟｜に｜乗れ、｜日｜も｜暮れ｜ぬ。｜
④ 人｜の｜亡き｜あと｜ばかり｜悲しき｜は｜なし。｜

⑤ 仁和寺｜に｜ある｜法師、｜年｜よる｜まで｜石清水｜を｜拝ま｜ざり｜けれ｜ば、｜心うく｜覚え｜て、｜ある｜時｜思ひ立ち｜て、｜ただ｜一人｜徒歩｜より｜まうで｜けり。｜

問二 ① あな、‖わびし。‖
② 雪‖の｜降り‖たる｜は｜言ふ‖べき｜に｜も｜あら‖ず。｜
③ ある‖人、‖弓‖射る‖事‖を｜習ふ‖に｜諸矢‖を｜たばさみ‖て｜的‖に｜向かふ。‖

問三 ① 思は ② 思ひ ③ 思ふ ④ 思ふ ⑤ 思へ
⑥ 思へ

コーチ 問一 単語に区切るときは、まず文節に区切ってから、さらに小さい単位に区切れないか考えるとよい。①の「をかし」のように、「を」が語の最初にくることもあるから気をつけよう。②の「竹取の翁」を固有名詞と考え、一語としてもよい。④の「悲しきはなし」は訳からわかるように「悲しいことはない」となるから、「悲し｜き｜は｜なし」となる。「悲しい話」ではない。⑤は「拝ま｜ざり｜けれ｜ば」と「徒歩｜より｜まうで｜けり」がややむずかしい。「思ひ立ち」はもともと「思ひ」と「立ち」の二語にわかれるが、ここは「思い立つ」という一つの行動を表しているから、「思ひ立ち」で一語となる。
問二 まず文節に区切る。自立語は一つの文節に一語しかなく、しかも文節の最初にくる単語であるから、文節にさえ正しく区切れたら、あとは機械的に答えられる。付属語は一つの文節にまったくない場合も、二つ以上ある場合もある。②の「言ふべきにも」には付属語が三つある。③の「ある｜人、｜弓｜射る｜事」まではすべて自立語である。

問三 □の下にあることばに続くように「思ふ」を活用させる。「はひふへ」とハ行に活用することに注意する。

4 解答 ●11ページ

問一 ① ア・イ・ウ・ケ ② エ・オ・カ・キ・ク・コ
③ ア・イ・ウ・エ・オ・カ・キ・ク ④ ケ・コ
⑤ ア・イ・ウ ⑥ エ ⑦ イ・ウ・オ・カ

問二 ① エ ② カ ③ キ ④ ア ⑤ ウ ⑥ オ
⑦ イ

問三 a―助詞 b―名詞 c―動詞 d―助動詞 e―副詞
f―形容詞

コーチ 問一 品詞分類表は文法を学習するうえで重要な知識であるから必ず覚えるようにしよう。品詞はバラバラに覚えるのではなくて、自立語と付属語、活用があるない、用言グループ、修飾語になるグループなど、いくつかにまとめて覚えるようにするとよい。
問二 ①は「つひに咲く。」のように用言(「咲く」は動詞)を修飾する副詞である。②は「しかし」と同じ逆接を表す接続詞である。③は呼びかけを表す感動詞である。④は言い切りがウ段で終わる動詞である。⑤は言い切りが「なり」で終わる形容動詞である。⑥は「いはゆる田舎人《いなかびと》」のように体言(「田舎人」は名詞)を修飾する連体詞である。⑦は言い切りが「し」で終わる形容詞である。
問三 aは「木の」で一文節になり、「木」(名詞)という自立語の下につき、活用がないから助詞である。cは言い切りが「咲く」とウ段で終わるから動詞。dは「咲きたる」で一文節になり、「咲き」(動詞）という自立語の下につき、「たり」と言い切りがある（活用する）から助動詞である。eは「めでたし」（形容詞）という用言を修飾しているから副詞である。

5 解答 ●13ページ

問一　①聞か　②習は　③流さ　④往な

問二　①は　②ひ　③ふ　④ふ　⑤へ　⑥へ　⑦な　⑧に　⑨ぬ　⑩ぬる　⑪ぬれ　⑫ね

問三

基本形	語幹	未然形	連用形	終止形	連体形	已然形	命令形
喜ぶ	喜	ば	び	ぶ	ぶ	べ	べ
思ふ	思	は	ひ	ふ	ふ	へ	へ
往ぬ	往	な	に	ぬ	ぬる	ぬれ	ね

問四　売る・連体　買ふ・連体　やり・連用　取ら・未然　いふ・終止　死ぬ・終止　買は・未然　売ら・未然　語る・連体

コーチ　問一　「ず」がつく形は未然形になる。①〜③は四段活用、④はナ行変格活用である。②はハ行で活用することに注意する。

問二　「言ふ」はハ行に活用する四段動詞。ナ行変格活用の動詞には「死ぬ」と「往《い》ぬ」の二語しかないから覚えてしまう。

問三　「喜ぶ」と「思ふ」は四段活用、「往ぬ」はナ行変格活用である。

問四　「売る者」「買ふ人」「やりて」「取らん」「いふ。」「死ぬ。」「買はん」「売らん」「語る人」と、それぞれ下に続く語に注目する。「者」「人」は名詞（体言）だから上の活用語は連体形である。「て」は連用形、「ん」は未然形につく。12ページ下段の「活用形の見分け方」に示してある語をしっかり覚える。

6 解答 ●15ページ

問一　①イ　②ア　③エ　④ウ　⑤オ　⑥エ　⑦イ　⑧ア　⑨オ　⑩イ

問二

基本形	語幹	未然形	連用形	終止形	連体形	已然形	命令形
あり	あ	ら	り	り	る	れ	れ

問三

基本形	語幹	未然形	連用形	終止形	連体形	已然形	命令形
蹴る	（蹴）	け	け	ける	ける	けれ	けよ

問四

基本形	語幹	未然形	連用形	終止形	連体形	已然形	命令形
受く	受	け	け	く	くる	くれ	けよ

コーチ　問一　下一段・ナ変・ラ変は語数が少ないから、必ず覚えるようにしよう。四段と下二段は、下に「ず」をつけてア段なら四段（食ふ＋ず→食はず）、エ段なら下二段（捨つ＋ず→捨てず）と見分けることができる。

問二　ラ変と四段の違いは、ラ変は終止形が「り」になり、四段はウ段になるところである。

問三　下一段は「蹴る」一語しかない。文中の「蹴たれば」の「蹴」は「たり」に続いているから連用形である。

問四　下二段動詞は語数が多いから、四段と同じように下に「ず」をつけてエ段になるかどうかを確かめるとよい（受く＋ず→受けず）。文中には「受け」以外にも「はから・去ら・する・過ぎ・あやまれ・知ら」が動詞で、このうち「する・過ぎ」以外は四段活用である。

7 解答 ●17ページ

問一 ①イ ②ア ③エ ④ウ ⑤イ ⑥ア ⑦ア ⑧イ ⑨エ ⑩ア

問二

基本形	語幹	未然形	連用形	終止形	連体形	已然形	命令形
見る	(見)	み	み	みる	みる	みれ	みよ

問三

基本形	語幹	未然形	連用形	終止形	連体形	已然形	命令形
落つ	落	ち	ち	つ	つる	つれ	ちよ

問四

基本形	語幹	未然形	連用形	終止形	連体形	已然形	命令形
来	(来)	こ	き	く	くる	くれ	こ こよ

問五

基本形	語幹	未然形	連用形	終止形	連体形	已然形	命令形
す	(す)	せ	し	す	する	すれ	せよ

コーチ 問一 上一段・カ変・ナ変は語数が少ないから、必ず覚えるようにしよう。上二段は、下に「ず」をつけてイ段になることを確かめるとよい（過ぐ＋ず→過ぎず）。③の「愛す」は「愛＋す」、⑩の「試みる」はもともとは「試＋みる」に分けられる複合語であるから、③は「す」④は「みる」と同じ活用の種類になる。

問二 文中の「見て」の「見」は「て」に続いているから連用形である。

問三 文中の「落ちぬべき」は「落ち｜ぬ｜べき」と三単語に分かれる。

問四 文中の「来る人」の「来る」は「人」（体言）に続いているから連体形である。

問五 文中の「すれば」の「すれ」は已然形である。

8 解答 ●19ページ

問一 A―散る B―四段 C―四段 D―下二段 E―聞く F―四段 G―出づ H―下二段 I―四段 J―下二段 K―見る L―上一段

問二 a―イ b―ウ c―ア d―エ

コーチ 問一 自動詞は上に「が」をつけて考えるとよい。Gは「出《だ》す」ではない。他動詞が「出《い》だす」だから「出《い》づ」となる。Kの「見る」は語数が限られている上一段活用であるから覚えておく。ほかの活用の種類は下に「ず」をつけて見分けられる。

問二 語尾が「――い」ならイ音便、「――う」ならウ音便、「――ん」なら撥音便、「――っ」なら促音便と覚えておこう。

9 解答 ●21ページ

問一

基本形	語幹	未然形	連用形	終止形	連体形	已然形	命令形
清し	清	く	く	し	き	けれ	○
		から	かり	○	かる	○	かれ
楽し	楽	しく	しく	し	しき	しけれ	○
		しから	しかり	○	しかる	○	しかれ

問二 ①B ②B ③A ④A ⑤B ⑥A ⑦A ⑧B ⑨B

問三 ① 苦し 腹立たし 久し ② 長し 多し めやすし

問四 a―ア b―ウ c―イ

コーチ 問一 形容詞の活用表は必ず覚えるようにする。ク活用さえ覚えてしまえば、上に「し」をつけるとシク活用になる。

問二 下に「なる」をつけて、「あさまシクなる」となればシク活用、「ありがたクなる」となればク活用と見分けることができる。②の「いみじ」は「いみジクなる」となるがジク活用とはいわない。

問三 ①の「苦しき」と「腹立たしき」は連体形、「久しく」は連用形、②の「長けれ」は已然形、「多し」は終止形、「長く」は連用形、「めやすかる」は連体形である。

問四 動詞と同じように、語尾が「――い」ならイ音便、「――ん」なら撥音便、「――う」ならウ音便である。

10 解答 ●23ページ

問一

基本形	語幹	未然形	連用形	終止形	連体形	已然形	命令形
静かなり	静か	なら	なり に	なり	なる	なれ	なれ
堂々たり	堂々	たら	たり と	たり	たる	たれ	たれ

問二 a―ナリ・連体 b―ナリ・已然 c―タリ・連用
d―タリ・終止 e―タリ・連用 f―タリ・終止
g―ナリ・連用 h―ナリ・連体 i―ナリ・已然

問三 A―をかしげなる B―あからさまに

コーチ 問一 連用形にナリ活用は「に」、タリ活用は「と」があることを忘れないようにしよう。

問二 活用の種類は、終止形が「――なり」ならナリ活用、「――たり」ならタリ活用である。bとiの「――なれ」は已然形か命令形かわかりにくいが、上に「こそ」があれば已然形と覚えておく。

問三 Aは下に体言(児《ちご》)があるから連体形にする。Bは下に用言(「抱き」は動詞)があるから連用形にする。連用形は「なり」と「に」があるが、「あからさまなり抱きて」と「あからさまに抱きて」では、「あからさまに」が下に自然に続くので「あからさまに」になる。

11 解答 ●25ページ

問一 a―ウ b―エ c―イ d―ア

問二 a―ああ暗いなあ b―川の流れが速いので
c―夜が寒いので d―山が高いので

コーチ 問一 aは、「おぼろけの」が「願」(「祈願」の意の名詞)を修飾している。bは、「名詞＋を＋語幹＋み」のパターン。「(名詞)が…ので」という訳し方も必ず覚えておこう。cは、「さびし」というシク活用形容詞の終止形に接尾語の「さ」がついたパターン。シク活用の場合は、語幹でなく終止形になることに注意する。dは、「めづらかなり」というナリ活用形容動詞の語幹である。「めづらし」という形容詞とは品詞が違うことに注意する。

問二 aは、「暗し」という形容詞の語幹だけの用法。口語訳するときは「……だなあ」と感動的に訳するようにする。b・c・dは「名詞＋を＋語幹＋み」のパターンで、原因・理由を表している。dは「を」が省略されている形。

12 解答 ●27ページ

問一　①イ　②ウ　③ア　④エ　⑤ア　⑥ウ
⑦ウ　⑧イ

問二　①こと　②ほど　③こと

問三　a―ウ　b―オ　c―イ　d―ア　e―エ

問四　①ある　②いはゆる

コーチ　問一　⑤の「深み」は、形容詞「深し」の語幹「深」に接尾語「み」がついて名詞になったものである。⑥の「あなた」は、古語では遠くのものをさし、「あちら・向こう側」、「過去・以前」、「将来」の意になる。⑦の「こ」は、「この」という形で出てくることが多い。この場合は「こ」だけが代名詞で、「の」は助詞になる。「その・あの・かの」も同じである。

問二　形式名詞を見分けるためには、上に必ず連体修飾語があることが手がかりになる。①は「笑ふ」が「こと」を修飾している。②は「せぬ」が「ほど」を修飾している。③は「取る」が「こと」を修飾している。

問三　aの「そ」は指示代名詞である。bは「要なき」が「もの」を修飾している。cは京都をさすから固有名詞になる。eは「一人」と漢字に直すとわかりやすい。

問四　①の「ある」は「山里」、②の「いはゆる」は「田舎人」と、それぞれ体言を修飾している。①が「山里にある家」のようになっている場合の「ある」は動詞になる。

13 解答 ●29ページ

問一　a―もよほし　b―かよひ　c―なり

問二　a―イ　b―イ　c―ア　d―ア

問三　a―答えることができなく　b―まったく変わることがない　c―隠してくれるな

コーチ　問一　副詞は主に用言（動詞・形容詞・形容動詞）を修飾することを手がかりにする。aは動詞「もよほす」の連用形。bは動詞「かよふ」の連用形。cは「寒くなり」と抜き出さないように注意する。「寒く」は形容詞「寒し」の連用形、「なり」は動詞「なる」の連用形であるから、「寒くなり」は二文節になる。修飾している文節は一文節で抜き出すことになるから「なり」だけを抜き出せばよい。

問二　状態の副詞は主に動詞、程度の副詞は主に形容詞・形容動詞を含む文節を修飾することを手がかりにする。aは形容詞「あし」、bは形容詞「おもしろく」、cは「滅び（動詞）＋ぬ（助動詞）」、dは「出《い》で来《こ》(動詞)＋ぬ(助動詞)」を修飾している。

問三　aの「え……ず」は「……できない」、bの「つゆ……なき」は「まったく……ない」、cの「な……そ」は「……してくれるな」と訳すことを覚えておく。

14 解答 ●31ページ

問一　①しかるに・オ　②ならびに・ア　③しかも・ウ
④すなはち・エ　⑤あるいは・イ　⑥さらば・エ

問二　a―イ　b―ア　c―ウ

コーチ　問一　①は、尽力したがほうびをもらっていないと前の内容と反対の結果に続いているから逆接になる。②は、宝ものと一国を対等の関係で並べているから並列になる。③は、河の流れは絶えないということに、さらにもとの水ではないということをつけ加えているから添加になる。④は、みさごが荒磯にいるのは人を恐れているからだと順当に後に続いているから順接になる。⑤は、鬼が家の周囲をまわるか屋根の上で叫ぶかの二つのうちから一つを選ぶから選択になる。⑥は、おもしろいから行けと順当に後に続いているから順接になる。
問二　aは、ぼたもちを作ろうと近くの人に呼びかけている。bは、すばらしいと感動している。cは、そうでないと返事をしている。

15 解答 ●33ページ

問一　A―未然　B―尊敬　C―使役　D―未然　E―受身　F―可能　G―自発　H―尊敬（E〜Hは順不同）

問二

基本形	未然形	連用形	終止形	連体形	已然形	命令形
す	せ	せ	す	する	すれ	せよ
さす	させ	させ	さす	さする	さすれ	させよ
しむ	しめ	しめ	しむ	しむる	しむれ	しめよ
る	れ	れ	る	るる	るれ	れよ
らる	られ	られ	らる	らるる	らるれ	られよ

問三　a イ　b ア　c オ　d ウ　e エ　f イ

コーチ　問一　助動詞は、接続・活用・意味の三つをセットで覚えておくようにする。
問二　「さす」は「す」の活用の上に「さ」を、「らる」は「る」に「ら」をつけるとよい。活用の型が下二段型であることも覚えておく。
問三　aは「しめ給ふ」の形に注目する。bのように「さす」が「給ふ」についていない場合は使役と考えてよい。cのように「思ひやる」や「思ふ・案ず・知る・しのぶ」など、気持ちを表す語につく場合は自発のことが多い。dのように「……に……らる」の形の場合は受身になる。fは上に「かの大納言」と敬意を表す人物があるが、このような場合の「る・らる」は尊敬のことが多い。

16 解答 ●35ページ

問一　A―未然　B―終止　C―連体

問二

基本形	未然形	連用形	終止形	連体形	已然形	命令形
ず	ず ざら	ず ざり	ず ○	ぬ ざる	ね ざれ	○ ざれ
じ	○	○	じ	じ	じ	○
まじ	まじく まじから	まじく まじかり	まじ ○	まじき まじかる	まじけれ ○	○

問三　a―ア　b―ウ　c―イ　d―エ　e―イ　f―オ

コーチ　問一　助動詞「まじ」の接続は二つあることに注意する。「ラ変型活用語」とは、ラ変動詞と同じ活用のしかたをする助動詞も含んでいる。（たとえば、完了の「り」、過去の「けり」など）
問二　助動詞「ず」の連体形「ぬ」と已然形の「ね」は、完了の助動詞「ぬ」やナ行下二段活用動詞の活用語尾とまぎらわしいので、打消の助動詞「ず」は未然形に接続するという特徴を覚えておく。
問三　aは、打消の助動詞「ず」の連体形である。bは、負けないつもりだ、と意志を表している。cは、月という自然現象について推量している。dは、持っていってはいけない、と禁止を表している。eは、劣らないだろう、と推量を表している。eが文末なのに已然形なのは、上に「こそ」という助詞があるからである。（本冊56ページの「係助詞」を参照）fは、できそうにない、と不可能を表している。

17 解答 ●37ページ

問一　A—連用　B—過去　C—詠嘆

問二

基本形	未然形	連用形	終止形	連体形	已然形	命令形
き	(せ)	○	き	し	しか	○
けり	(けら)	○	けり	ける	けれ	○

問三　①　し・連体　き・終止
②　けれ・已然　けり・終止　ける・連体
③　けれ・已然　けり・終止
④　し・連体　けれ・已然

コーチ　問一　助動詞「けり」が和歌や会話文中に出ているときは詠嘆の意味になることが多い。
問二　助動詞「き」の活用は特殊なので、何度も声を出して言って覚えてしまう。
問三　②の文末が「ける」と連体形なのは、上に「なむ」という助詞があるからである。④の文末が「けれ」と已然形なのは、上に「こそ」という助詞があるからである。（本冊56ページの「係助詞」を参照）助動詞「けり」の活用形はすべて違っているので、②や④の文末の「ける」「けれ」の活用形は助詞の知識がなくても正しく答えられなければいけない。

18 解答 ●39ページ

問一　A—連用　B—完了　C—強意　D—存続

問二

基本形	未然形	連用形	終止形	連体形	已然形	命令形
つ	て	て	つ	つる	つれ	てよ
ぬ	な	に	ぬ	ぬる	ぬれ	ね
たり	たら	たり	たり	たる	たれ	たれ
り	ら	り	り	る	れ	れ

問三　①　ぬ・イ　②　つ・ア　③　て・イ　④　たる・ウ
⑤　り・ア　⑥　り・ウ

コーチ　問一　助動詞「り」の接続には本冊の38ページで触れてあるような異説がある。
問二　助動詞「つ」は下二段型、「ぬ」はナ変型、「たり」と「り」はラ変型であることを覚えておく。
問三　①は「ぬべし」の形に注目する。「ぬべし」・「つべし」とあれば強意と考えてよい。②は「つけつ」が「名づけた」と訳せるから完了になる。③は「てむ」の形に注目する。「て」は助動詞「つ」の未然形で、「む」についているときは強意になることを覚えておく。④は「思ひたるさまなり」で「思っている様子である」と訳せ、その状態が続いているので存続になる。⑤の「そむけり」を単語に区切ると「そむけ・り」となることに注意する。「そむ・けり」ではない。「そむけ」は四段動詞「そむく」の命令形（已然形とする考え方もある)になる。⑥の「降れり」は、雪が降り積もっている状態が続いているから存続になる。

19 解答 ●41ページ

問一 A—未然 B—推量 C—反実仮想

問二

基本形	未然形	連用形	終止形	連体形	已然形	命令形
む	○	○	む	む	め	○
むず	○	○	むず	むずる	むずれ	○
まし	ませ ましか	○	まし	まし	ましか	○

問三 a—イ b—エ c—ア d—ウ

問四 もし鏡に色や形があったとしたら、何も映らないだろうに。

コーチ 問一 助動詞「まし」に反実仮想の意味があることと、その訳し方を必ず覚えておく。

問二 助動詞「まし」の未然形には「ませ」と「ましか」の二つあることに注意する。

問三 aは、上に猫がかわいいからという理由が示されているため「飼いたい」と意志を表す。bが已然形なのは、上に「こそ」という助詞があるからである。(本冊56ページの「係助詞」を参照) cは「来るだろう」と推量を表す。dは、「そのような所へ参る」ということを遠回しにいっている。「婉曲」は、ものごとをはっきり言わないで、遠回しにいう言い方のことである。婉曲は「…ような」をあてはめるといいが、現代語として不自然な場合は、無理に訳さなくてもよい。

問四 助動詞「まし」が反実仮想の意味になるときは、「〜ましかば…まし」「〜せば…まし」「〜ませば…まし」の形になることが多い。ともに「もし〜としたら…だろうに」と訳すことを覚えておく。

20 解答 ●43ページ

問一 A—終止 B—連体 C—連用 D—現在 E—過去

問二

基本形	未然形	連用形	終止形	連体形	已然形	命令形
らむ	○	○	らむ	らむ	らめ	○
けむ	○	○	けむ	けむ	けめ	○

問三 ① らむ・終止 ② らむ・連体 ③ けむ・連体 ④ けむ・連体

コーチ 問一 助動詞の「らむ」と「けむ」の意味は、現在と過去の違いだけである。接続はまったく違うから正確に覚えておく。

問二 「らむ」も「けむ」も活用の型は四段型であることを覚えておこう。

問三 ①の「らむ」は、現在の原因・理由の推量を表している。②の「らむ」は、現在の婉曲を表している。「らむ」の下に「こと」と体言があるので連体形になる。③の「けむ」は、過去の原因・理由の推量を表している。④の「けむ」は、過去の婉曲を表している。「けむ」の下に「人」と体言があるので連体形になる。

21 解答 ●45ページ

問一 A—終止 B—連体 C—推量 D—推定

問二

基本形	未然形	連用形	終止形	連体形	已然形	命令形
べし	べく べから	べく べかり	べし ○	べき べかる	べけれ ○	○
らし	○	○	らし	らし	らし	○

問三　a―オ　b―ア　c―カ　d―ウ

コーチ　問一　助動詞「べし」も「らし」も同じ接続であるから一緒に覚えておく。

問二　助動詞「べし」は形容詞ク活用と同じ活用であるが、命令形がないことに注意する。

問三　aは上に「羽がないので」と理由が示されているので、「飛ぶことができない」と可能を表している。bは「劣らないだろう」と推量を表している。cは「私の墓の前に懸けよ」と命令している。dは歌の返事を当然しなければならないのに、うまくできないときはじれったい、といっているから当然を表している。

22　解答　●47ページ

問一　A―終止　B―連体　C―連用　D―未然　E―連体

問二

基本形	未然形	連用形	終止形	連体形	已然形	命令形
めり	○	めり	めり	める	めれ	○
たし	たく たから	たく たかり	たし ○	たき たかる	たけれ ○	○
まほし	まほしく まほしから	まほしく まほしかり	まほし ○	まほしき まほしかる	まほしけれ ○	○
ごとし	ごとく	ごとく	ごとし	ごとき	○	○

問三　a―ア　b―イ　c―イ　d―エ　e―ウ

コーチ　問一　助動詞「めり」の接続はこれまで出てきた「まじ」「らむ」「べし」「らし」と同じであるから、まとめて覚えておく。

問二　助動詞「たし」「まほし」の活用は複雑に見えるが、「たし」は形容詞のク活用型、「まほし」は形容詞のシク活用型であることを覚えておくと暗記しやすい。

問三　aは、泣いている様子を見ていて、それを遠回しに表現しているから推量になる。bの「たき」とcの「まほし」は、ともに意味としては希望しかない。dは、『往生要集』を書物の例として出しているから「ごとき」は例示になる。eは、おごり高ぶっている人も長続きしないことを「春の夜の夢」にたとえているから「ごとし」は比況になる。

23　解答　●49ページ

問一　A―断定　B―連体　C―伝聞　D―終止　E―連体　F―断定　G―体言

問二

基本形	未然形	連用形	終止形	連体形	已然形	命令形
なり	なら	なり に	なり	なる	なれ	なれ
たり	たら	たり と	たり	たる	たれ	たれ
なり	○	なり	なり	なる	なれ	○

問三　a―ウ　b―ア　c―エ　d―ア　e―イ

コーチ　問一　助動詞「なり」も「たり」も二種類ずつあるので、

特に接続と意味の違いを正確に覚える。断定の「たり」は漢文訓読語として用いられるので、古文の中ではあまり多く出てこない。「たり」とあれば、まず完了かどうかを考えるとよい。

問二　断定の助動詞「なり」「たり」とも、連用形の「に」「と」に注意する。

問三　aは終止形接続、bは連体形接続であることに注目する。cは終止形接続である。虫の声を聞きながら推定しているのである。dは体言に接続している。eも体言に接続している。春日の地にある三笠山、であるから存在を表している。

24 解答●51ページ

問一　a―ウ　b―エ　c―ア　d―オ　e―イ

問二　a―カ　b―ア　c―オ　d―エ　e―キ　f―イ　g―ウ

コーチ　問一　aは、「大伴黒主の歌」ということだから、体言の代用をしている。「体言の代用」を「準体格」ともいう。bは、「中納言なる人」と「娘あまた持ち給へる(人)」と同一人物を表している。cは、「いぬきが」が主語で、「逃がしつる」が述語の文節である。dは、「妹」を「紫草のように美しく輝いている」とたとえている。eは、「おのれが」が「芸」(体言)を修飾しているから連体修飾になる。

問二　aは、翁が何を取るかを表しているから動作の対象になる。bは、「比叡の山」という場所を表す。cは、都落ちという動作の方向が東国であることを表す。dは、大きな家が変化して結果として小さな家となることを表す。eは、舟を漕ぎ出すという動作の出発点が大津であることを表す。fは、舟という手段を使って川を渡ったことを表す。gは、御随身（お供の者）を使者としておやりになっているから、御随身が使役の相手になっている。

25 解答●53ページ

問一　a―ウ　b―ア　c―エ　d―イ　e―カ　f―オ

問二　a―ウ　b―ア　c―エ　d―イ

コーチ　問一　aは、「ば」の上の「見れ」が已然形だから順接の確定条件で、「見ると」と訳せるから偶然条件になる。bは、「ば」の上の「走ら」は未然形だから順接の仮定条件になる。cの上の「長けれ」、dの上の「なれ」はともに已然形だから順接の確定条件である。cは「長いといつも」と訳せるから必然条件、dは「(鳥) なので」と訳せるから原因・理由になる。eのように「ど」とあれば逆接の確定条件、fのように「とも」とあれば逆接の仮定条件しかないことを覚えておく。

問二　aは、「見ると」と訳せるから単純接続になる。bは、「こぼれるので」と訳せるから順接の確定条件になる。cのように接続助詞の「で」は打消接続しかない。dは、「低いけれども」と訳せるから逆接の確定条件になる。

26 解答●55ページ

問一　a―ウ　b―ア　c―ア　d―イ

問二　a―エ　b―イ　c―オ　d―ウ　e―ア

コーチ 問一 「だに」には二つの意味・用法があるから、正しく見分けられるようにしておこう。「最小限の限定」の場合は、下に意志・希望（願望）・仮定・命令などを表す語があることが多いことを覚えておく。aは、下に「ぬすめ」と命令形があるから最小限の限定になる。bは、軽いものとして「今日」をあげて、まして、それよりも後日になるともっと言いにくいことを類推させている。cの「すら」、dの「さへ」には意味・用法は一つずつしかないので覚えておく。ただし、「だに」と「すら」の「類推」には違いがあるので本冊54ページで確かめておこう。

問二 aは、「…だけ」という限定を表す。bは、「五月ごろ」という程度を表す。cは、「暮れるまで」と範囲・限度を表す。dは、風の吹く音や虫の鳴く声を例として出している。eは、訳では「ちょうど」と訳しているが、強意の「し」は特に訳さなくてもよく、「し」を取っても意味が通じる。「いま、羽根といふところに来《き》ぬ。」でも文意は同じである。

27 解答 ●57ページ

問一 a―おぼゆる　b―ける　c―たる　d―む　e―けれ
問二 a―見ゆる　b―なる　c―ある　d―つる
e―まされ

コーチ 問一 係り結びの法則は、係助詞と結びとの関係を表すが、結びとして抜き出すのは文節でなく単語であることに注意する。aの「ぞ」は結びが連体形であるから、下二段動詞「おぼゆ」の連体形「おぼゆる」が結びになる。bの「なむ」も結びが連体形であるから、過去の助動詞「けり」の連体形「ける」が結びになる。cの「や」も結びが連体形であるから、完了の助動詞「たり」の連体形「たる」が結びになる。dの「か」も結びは連体形であるから、推量の助動詞「む」の連体形「む」が結びである。「む」は終止形と連体形は同形であるが、④の文末の「む」は終止形でないことに注意する。eの「こそ」だけは結びが已然形であるから、過去の助動詞「けり」の已然形「けれ」が結びになる。「おはしけれ」と抜き出さないよう注意する。

問二 問一でも触れたように、「ぞ」「なむ」「や」「か」が連体形、「こそ」のみが已然形で文末を結ぶことに注意する。①の「見ゆ」は下二段動詞だから、連体形は「見ゆる」である。②の「なり」は伝聞・推定の助動詞だから、連体形は「なる」である。③の「あり」はラ変動詞だから、連体形は「ある」である。④の「つ」は完了の助動詞だから、連体形は「つる」である。⑤の「まさる」は四段動詞だから、已然形は「まされ」である。

28 解答 ●59ページ

問一 a―イ　b―ウ　c―ア　d―エ　e―ア　f―オ
g―ウ
問二 a―ア　b―エ　c―ア　d―ウ　e―エ　f―ア
g―オ　h―ア　i―ア　j―ウ　k―ア　l―イ
m―エ　n―ア　o―カ

コーチ 問一 終助詞の意味・用法は、それぞれ一つずつしかないから覚えるようにする。aは「…たい」と訳す自己の願望。bは「…するな」と訳す禁止。cは、上の「参ら」が四段動詞「参る」

の未然形であるから、「なむ」は他に対する願望の終助詞になる。係助詞の「なむ」と混同しないように、接続に注目する。dは「…よ」と訳す強く念を押す用法。eは「…てほしい」と訳す他に対する願望。fは「…なあ」と訳す詠嘆。gは「…するな」と訳す禁止になる。

問二　①のaは引用の格助詞。bは強意の係助詞。結びは打消の助動詞「ず」の已然形「ね」である。cは動作の対象を表す格助詞。dは軽いものをあげて、重いものを類推させる副助詞。eは強意の係助詞。②のfは連体修飾の格助詞。gは詠嘆の終助詞。hは連体修飾の格助詞。iは場所を示す格助詞。jは例示の副助詞。③のkは連体修飾の格助詞。lは単純接続の接続助詞。mは他と区別する係助詞。nは引用の格助詞。oは詠嘆の間投助詞。(oは終助詞でもよい。)

29 解答 ●*61*ページ

問一　①ア　②エ　③イ　④キ　⑤カ　⑥ア　⑦ウ　⑧ア　⑨オ

問二　①おぼし・ア　②奏す・イ　③侍る・ウ　④奉る・イ　⑤おはする・ア　⑥給ひ・ア

コーチ　問一　敬語の学習の基本になるのが、①三種類の敬語のうち、どれにあたるか、②敬意のない動詞で何というか、③口語訳ができるか、の三点である。たとえば、「言ふ」にあたる尊敬語には、「のたまふ・仰《おほ》す・のたまはす」などが、謙譲語には、「申す・聞こゆ・奏す」などがあるが、これらをセットで覚えるようにするとよい。問一では①・⑥・⑧がそれにあたる。また、「召す・います」のようにいくつもの意味をもつ敬語もあるから、これらもまとめて覚えておくとよい。本冊60ページの下段に主な敬語の口語訳をまとめてあるが、ほかにも注意すべき敬語として、次のようなものがある。

尊敬語	口語訳
のたまふ	おっしゃる
のたまはす	おっしゃる
仰《おほ》す	おっしゃる
思《おぼ》す	お思いになる
思《おぼ》し召《め》す	お思いになる
きこしめす	お聞きになる お召しになる
しろしめす	お知りになる お治めになる
大殿《おほとの》ごもる	おやすみになる

謙譲語	口語訳
承《うけたまは》る	お聞きする いただく
たまはる	いただく
まかる	退出する
まかづ	退出する
まうづ	参上する
仕《つか》まつる	お仕えする し申し上げる
奏《そう》す	(帝に)申し上げる
啓《けい》す	(中宮に)申し上げる

問二　①の「おぼし」はかぐや姫に対する尊敬語。②の「奏す」は天皇(帝)に対する謙譲語。③の「侍る」は聞き手に対する丁寧語。④の「奉る」はかぐや姫に対する謙譲語。⑤の「おはする」は、そこにいた人(実際はかぐや姫)に対する尊敬語。⑥の「給ひ」は幼き人に対する尊敬語。なお、ここの「給ひ」は尊敬の補助動詞である。「給ふ」は尊敬の補助動詞で出てくるケースが多い。補助動詞とは、実質的な動作を表さないで、上の用言に尊敬・謙譲・丁寧の意味をつけ足すだけのはたらきをする動詞のことをいう。

30 解答 ●63ページ

問一 a—僧都から光源氏へ　b—僧都から尼君へ
c—書き手(作者・筆者)から尼君へ
d—書き手(作者・筆者)から若紫へ
e—書き手(作者・筆者)から宮へ
f—書き手(作者・筆者)から若紫へ

問二 (1) a—書き手(作者・筆者・清少納言)から帝(上の御前・天皇)へ
b—書き手(作者・筆者・清少納言)から大納言殿へ
(2) せ給ひ・せ給ふ
(3) 奏す

コーチ 問一 敬語で「だれから」を答えるとき、①のような会話文と②のような地の文では、異なることに注意する。会話文は話し手、地の文では書き手が「だれから」にあたる。①の話し手は僧都(僧官の名)であることがはっきりしているから、答えるときに「話し手」としないように注意する。①で出てくる人物は、僧都・尼君・光源氏の三人である。aは、尼君の行為を低める「奉る」という謙譲語を用いて、動作の受け手の光源氏に敬意を表している。bは、「給ふ」という尊敬の補助動詞を用いて、尼君の行為に敬意を表している。なお、会話文や手紙文の中に出てくる補助動詞の「給ふ」は、四段活用の尊敬語である。(下二段活用の謙譲語の用法は、会話文や手紙文には出てこない。)②で出てくる人物は、若紫・尼君・宮の三人である。②は地の文であるから、「だれから」は書き手(作者・筆者)になる。この場合、書き手の名前が明示されていないので、書き手・作者・筆者のいづれの答え方でもよい。cは、若紫の行為を低める「聞こゆ」という謙譲語を用いて、動作の受け手の尼君に敬意を表している。dは、「給ふ」という尊敬の補助動詞を用いて、若紫の行為に敬意を表している。eは、cと同じように若紫の行為を低める謙譲語「聞こゆ」を用いて、動作の受け手の宮に敬意を表している。fはdと同じように、若紫の行為に敬意を表している。

問二 設問に「枕草子」の一節であることが明示されているので、「だれから」の答え方としては、書き手・作者・筆者のほかに「枕草子」の作者である清少納言と固有名詞で答えてもよい。この文から読みとれる人物は、大納言殿のほかに「上の御前」(具体的には一条天皇をさす)と、「御前なる人々」(天皇の前にひかえている女房たち)、「ねぶたきを念じてさぶらふ」作者(清少納言)、さらに、「『丑四つ。』と奏」している人物がいる。(1)のaは、大納言殿の行為を低める「まゐる」という謙譲語を用いて、動作の受け手の天皇(下に「奏す」という絶対敬語があることで、天皇がそこにいることがわかる。後に出てくる「上の御前」も天皇〈帝〉のことである。)に敬意を表している。bは、「給ふ」という尊敬の補助動詞を用いて、中納言殿に敬意を表している。(2)の最高敬語としてよく出てくるパターンが「せ給ふ・させ給ふ・しめ給ふ」(尊敬の助動詞＋尊敬の補助動詞)であることを覚えておく。この文では、「せ給ひ(て)」と「せ給ふ(を)」の二つがある。(3)の絶対敬語としては、天皇・上皇に対して用いられる「奏す」と、皇后・中宮・皇太子・上皇に対して用いられる「啓す」の二語を覚えておく。「奏す」の方がよく古文に出てくる。「奏す」とあれば、文中に天皇(上皇)の存在を表す言葉がなくても、そこに天皇(上皇)がいることに注意する。